DIE MAUER · ein Bildband

THE WALL · a pictorial

LE MUR · un album de photos

EL MURO · un álbum de fotos

IL MURO · Un libro fotografico

Copyright © by Schikkus
ISBN 3-935130-14-7
Otto-Suhr-Allee 114 · 10585 Berlin
Telefon: (030) 364 07 70 · Fax: (030) 36 40 77 77

Fotonachweis: Ullstein Berlin, Schikkus Berlin, Nuske
Karte: Pharus-Verlag Berlin

Printed in European Comunity

EINLEITUNG

Der Volksaufstand im Ostteil der Stadt am 17. Juni 1953 wird mit Hilfe sowjetischer Panzer niedergeschlagen. Westberlin bleibt Fluchtpunkt für die Einwohner Ostberlins und der DDR, bis das Unfassbare geschieht: Am 13. August 1961 begann die DDR mit dem Bau einer Mauer mitten durch Berlin, die von diesem Datum an die Stadt in zwei Teile teilte. Das grausige Symbol der deutschen Teilung, das West-Berlin auf einer Gesamtlänge von 155 km umschloss, forderte 80 namentlich bekannte Todesopfer und unzählbare Tränen. Einige Zahlen, die den Schrecken des Bauwerks verdeutlichen: 66,5 km Metallgitterzaun, 302 Beobachtungstürme, 20 Bunker, 105 Fahrzeug-Sperrgräben, 127 Kontakt- und Signalzäune, 124 Kolonnenwege sowie 259 Laufanlagen für scharfe Wachhunde. Immer wieder forderte die unmenschliche Grenze bei Fluchtversuchen Tote und Verletzte. Doch immer wieder bekräftigt der Westen, dass Berlin nicht aufgegeben wird. Vor allem der amerikanische Präsident J.F.Kennedy schafft Vertrauen und Sympathie, als er am 26. Juni 1963 in seiner legendären Rede vor dem Schöneberger Rathaus den Zuhörern versicherte: „Ich bin ein Berliner!"

Spürbare Erleichterung für die Stadt gibt es erst seit dem Berliner Vier-Mächte-Abkommen im Jahre 1972 und dem darauf folgenden Grundlagenvertrag zwischen beiden deutschen Staaten. Trotzdem werden noch weitere 17 Jahre Trennung vergehen, bis sich die Grenzen der geteilten Stadt wieder öffnen. Nach wochenlangen Protesten und Demonstrationen wurde der SED-Staat im November 1989 vom eigenen Volk abgesetzt. Die friedliche Revolution – eine der wenigen, die ohne Blutvergießen ablief – endete schließlich am 9. November 1989 mit der Öffnung der Mauer. Tagelang feierte ein glückliches Volk auf den Straßen und Plätzen Berlins. Zehntausende versammelten sich am Brandenburger Tor und erklommen die Mauer. Fremde Menschen prosteten einander zu, jeder „Trabbi" wurde

im Westen freudig begrüßt. In aller Eile mussten in den Tagen danach neue Verbindungen zwischen Ost und West geschaffen werden. Nach und nach wurde die Mauer – nach 28 Jahren! – endgültig abgerissen. Seit Weihnachten 1989 können Besucher wieder durch das Brandenburger Tor spazieren - in beide Richtungen, ganz nach Belieben. Was anderswo zum Normalsten der Welt zählt, hat man in Berlin schätzen gelernt. Fast über Nacht wird aus der einst prachtvollen, dann geschundenen und lange Jahre gelähmten Stadt erneut ein Ort, auf den die Völker der Welt schauen. Nirgendwo ist Geschichte so spürbar, so greifbar wie in Berlin.

Am 3. Oktober 1990 findet schließlich die offizielle Wiedervereinigung Deutschlands statt und am 20. Juni 1991 wird Berlin vom Bundestag zur neuen-alten Hauptstadt gewählt, in der der Bundestag seit 1999 wieder zusammenkommt.

VORWORT Mehr als 28 Jahre teilte die Mauer die Stadt Berlin. Die im August 1961 von der DDR errichteten Sperranlagen schnitten sich schmerzhaft in das Leben der Menschen ein. Lange Zeit schien es, als ob die Teilung auf Dauer bestehen würde. Doch 1989 ging der Wunsch der Deutschen in Erfüllung: Das für die Ewigkeit hergestellte Bauwerk, das auf brutale Weise Familien, Freunde, Arbeitskollegen, ja ein ganzes Volk trennte, brach zusammen. Der Fall der Berliner Mauer war der Höhepunkt der friedlichen Revolution vom Herbst '89. Die Ostdeutschen schenkten dem wiedervereinigten Deutschland eine erfolgreiche Freiheitsrevolution. Aber sie brachten auch jene Jahre der Unterdrückung und Unfreiheit mit, von denen die Bilder in diesem Buch zeugen. Wenig ist heute in Berlin noch von der Mauer zu sehen. So wie es sich in Zeiten der Teilung lohnte, so lohnt es sich auch weiterhin in dieser Stadt, ja es ist unverzichtbar an die Unantastbarkeit der Würde jedes einzelnen Menschen zu glauben und dafür zu kämpfen.

Günter Nooke
Stellvertretender Vorsitzender der CDU/CSU-Bundestagsfraktion

FOREWORD For over 28 years the Wall divided the City of Berlin. The barriers erected by the GDR in August 1961 broke painfully into the lives of the people. For a long time it seemed as if the division would be there forever. Yet in 1989 the desire of the German people was fulfilled: the construction which had been built to last for ever, which had separated families, friends, work colleagues, in fact a whole nation, in a brutal manner, crumbled to the ground. The fall of the Berlin Wall was the climax of the peaceful revolution of Autumn '89. Thanks to the East Germans, the re-unified Germany experienced a successful revolution in freedom. However, the East Germans also brought with them those years of oppression and bondage to which the pictures in this book bear witness. Little is still to be seen of the Wall in Berlin. Just as it was worthwhile in the times of the divided Germany, it is still worthwhile in this town, in fact it is indisputable, that we should believe in the sanctity of the value of each individual person and fight for that.

Günter Nooke
Deputy Chairman CDU/CSU-Bundestag party

PRÉFACE Le Mur a coupé en deux la ville de Berlin pendant plus de 28 ans. Les barbelés érigés par la RDA en août 1961 ont blessé les gens au cœur même de leur existence. Longtemps, on a cru que la division de la ville serait un état durable. Mais en 1989, le souhait des Allemands s'est exaucé: cet édifice bâti pour l'éternité, qui avait séparé brutalement familles, amis, collègues et même un peuple entier, s'est écroulé. Les Allemands de l'Est ont offert à l'Allemagne réunifiée une révolution pacifique couronnée de succès. Mais ils ont également amené avec eux le souvenir des années de répression et d'emprisonnement dont témoignent les photos réunies dans ce livre. Il ne reste actuellement plus grand chose du Mur à Berlin. Mais aujourd'hui encore, il est important et même indispensable de continuer à croire en l'inviolabilité de la dignité humaine et de lutter pour elle.

Günter Nooke
Vice-président du groupe CDU/CSU au Bundestag

INTRODUZIONE Il Muro divise Berlino per più di 28 anni. Questa costruzione divisoria eretta nell'Agosto del 1961 dalla DDR sconvolse dolorosamente la vita della gente. Per lungo tempo sembrò che questa divisione dovesse permanere per sempre. Invece nel 1989 il sogno dei tedeschi si realizzò. La muratura che divise brutalmente famiglie, amici, colleghi, un intero popolo, costruita per durare in eterno, crollò. Il caso del Muro di Berlino fu l'apice di una rivoluzione pacifica dell'autunno '98. I tedeschi dell'est regalarono alla Germania riunificata una rivoluzione per la libertà con esito positivo. Ma portarono anche quegli anni di soppressione e schiavitù, come testimoniano le fotografie di questo libro. Poco o nulla è rimasto oggi del Muro. Così come era importante durante i tempi della divisione, ed anche oggi continua ad esserlo in questa città, è assolutamente inevitabile credere nell'intoccabilità della dignità di ogni singolo essere umano e lottare per questo.

Günter Nooke
Vicepresidentedel partito CDU/CSU del Bundestag

PREFACIO Durante más de 28 años la ciudad de Berlín estuvo dividida por el muro. Las barreras levantadas en agosto de 1961 por la DDR (República Democrática de Alemania) se introdujeron dolorosamente en la vida de las personas. Durante mucho tiempo pareció que la división duraría a la larga. Sin embargo, en 1989, el deseo de los alemanes se hizo realidad. La obra construida para siempre, que dividió de manera brutal a familias, amigos, colegas de trabajo, en fin, a todo un pueblo, se derrumbó. El caso del muro de Berlín fue el punto culminante de la revolución pacífica de octubre del 89. Los alemanes del Este le regalaron a la Alemania reunificada una exitosa revolución libertadora. Pero también trajeron consigo aquellos años de opresión y sujeción, prueba de los cuales son las imágenes de este libro. Es poco lo que aun se puede ver hoy del muro en Berlín. Del mismo modo en que valió la pena en la época de la división, vale la pena hoy, y es imprescindible, creer y luchar en esta ciudad por la inviolabilidad de la dignidad de cada ser humano.

Günter Nooke
Presidente y representante de la fracción CDU/CSU del Parlamento alemán

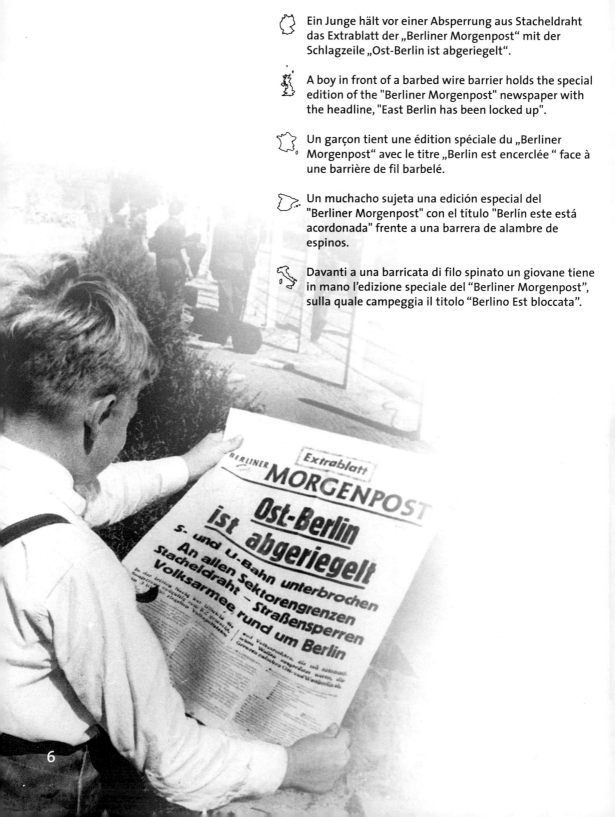

1961

Ein Junge hält vor einer Absperrung aus Stacheldraht das Extrablatt der „Berliner Morgenpost" mit der Schlagzeile „Ost-Berlin ist abgeriegelt".

A boy in front of a barbed wire barrier holds the special edition of the "Berliner Morgenpost" newspaper with the headline, "East Berlin has been locked up".

Un garçon tient une édition spéciale du „Berliner Morgenpost" avec le titre „Berlin est encerclée " face à une barrière de fil barbelé.

Un muchacho sujeta una edición especial del "Berliner Morgenpost" con el título "Berlín este está acordonada" frente a una barrera de alambre de espinos.

Davanti a una barricata di filo spinato un giovane tiene in mano l'edizione speciale del "Berliner Morgenpost", sulla quale campeggia il titolo "Berlino Est bloccata".

13.08.1961

Der Tagesbefehl für 6 Kompanien verschiedener militärischer Verbände der DDR lautet: Demonstration geschlossener Abwehrfront gegenüber dem Klassenfeind am Brandenburger Tor.

The order of the day for 6 companies of different military associations of the GDR is: Demonstration of a closed defensive front toward the enemy of the working class at the Brandenburg Gate.

L'ordre du jour pour 6 compagnies de différentes formations militaires de la RDA est: Front de défense fermé contre l'ennemi de classe à la porte de Brandenburg.

La orden del día para 6 compañías de distintas agrupaciones militares de la RDA dice: Frente de defensa cerrado contra el enemigo de clase en la puerta de Brandenburgo.

L'ordine del giorno per 6 compagni appartenenti a diverse organizzazioni militari della DDR recita così: Dimostrazione di fronte di difesa chiuso contro il nemico di classe nei pressi della Porta di Brandeburgo.

13.08.1961

Betriebskampfgruppen und bewaffnete Verbände der DDR riegeln den sowjetischen Sektor Berlins von West-Berlin ab.

Business fighters and armed associations of the GDR separate and lock the Russian Sector of Berlin away from West Berlin.

Des groupes de lutte de la classe ouvrière et des formations militaires de la RDA ferment le secteur soviétique à Berlin ouest.

Grupos de lucha de la clase trabajadora y agrupaciones armadas de la RDA acordonan el sector soviético de Berlín este.

Gruppi aziendali di combattimento e organizzazioni armate della DDR chiudono il settore sovietico di Berlino, separandolo da Berlino Ovest.

In Jahrzehnten gewachsene Straßenverbindungen werden jäh unterbrochen. Die Straße ist zur Grenze geworden. Ost- und Westberlinern ist es untersagt, sich dem durch weißen Strich und Warnschildern gekennzeichneten Grenzverlauf zu nähern.

Road connections that grew for centuries are abruptly disconnected. The street has become the border. East and West Berliners are prohibited from approaching the border, which is marked with a white line and warning signs.

Les liaisons par route crées pendant des dizaines d'années sont subitement coupées. La route s'est transformée en frontière. On interdit aux berlinois de l'est et de l'ouest de s'approcher de la ligne blanche et des signaux d'avertissement qui marquent le tracé de la frontière.

Las conexiones por carretera creadas durante decenas de años son súbitamente cortadas. La carretera se ha convertido en frontera. Se prohíbe a los berlineses del este y del oeste acercarse a la línea blanca y las señales de aviso que marcan el trazado de la frontera.

Improvvisamente vengono interrotti i collegamenti stradali sviluppatisi nel corso dei decenni. La strada è diventata ora un confine. Agli abitanti di Berlino Est e di Berlino Ovest è vietato avvicinarsi al confine, contrassegnato dalla striscia bianca e da appositi cartelli.

13.08.1961

Unter den Augen fassungsloser West-Berliner errichten bewaffnete Verbände der DDR Grenzpfähle am Brandenburger Tor.

Speechless, West Berliners watch as the armed construction crews of the GDR erect border posts at the Brandenburg Gate.

Sous le regard abasourdi des berlinois de l'ouest des troupes de construction de la RDA construisaient des postes frontaliers près de la porte de Brandenburg.

Bajo la mirada atónita de los berlineses del oeste tropas de construcción de la RDA levantaban postes fronterizos junto a la puerta de Brandenburgo.

Sotto gli occhi allibiti degli abitanti di Berlino Ovest, i soldati dell' Esercito Popolare della DDR erigono i pali di confine presso la Porta di Brandeburgo.

August 1961

Vor Tagen wohnten und lebten sie noch miteinander – alles Verbindende ist plötzlich durch Stacheldraht, später durch Mauern unterbrochen.

August 1961

A few days ago, they had still lived with one another - barbed wire, and later walls suddenly divide every connection.

Août 1961

Il y a quelques jours ils vivaient encore ensembles, tout ce qui les avait uni a été séparé par du fil barbelé et plus tard par des murs.

Agosto 1961

Hace días, aún vivían juntos, todo lo que les unía ha sido separado por alambre de espinos y más tarde por muros.

Agosto 1961

Nei giorni passati vivevano e abitavano insieme. All'improvviso il filo spinato separa tutto. In seguito sarà addirittura sostituito da un muro.

Kontakte über den Stacheldraht hinweg: Ein Versicherungsbeamter kassiert seine Beiträge.

Contacts are made across the barbed wire: An insurance agent collects his premiums.

Des contacts par dessus le fil barbelé: Un fonctionnaire d'assurance encaisse ses cotisations.

Contactos por encima del alambre de espinos: Un funcionario de seguros cobra sus cotizaciones.

I contatti da una parte all'altra del filo spinato: il contabile di un'assicurazione incassa i premi.

Noch können sich Kinder an der Grenze die Hände reichen.

Children can still shake hands at the border.

Quelques enfants peuvent encore se donner la main à la frontière.

Todavía algunos niños pueden darse la mano en la frontera.

I bambini possono ancora darsi la mano da un lato all'altro della frontiera.

August 1961

Nach wenigen Tagen werden Stacheldrahtverhaue durch Mauern ersetzt. Bis Mitte September sind es schon 3 Kilometer – wie hier in der Zimmerstraße in Berlin Mitte.

August 1961

A few days later, the barbed wire barriers are replaced with walls. By mid September, there are already 3 kilometers - as here in Zimmerstraße in Berlin-Mitte.

Août 1961

Quelques jours plus tard les barbelés sont remplacés par des murs. Jusqu'à la mi septembre il y en a déjà 3 kilomètres, comme ici dans la Zimmerstrasse à Berlin Mitte.

Agosto 1961

A los pocos días las alambradas de espinos son sustituidas por muros. Hasta mediados de septiembre ya son 3 kilómetros, como aquí en la Zimmerstrasse en Berlín Mitte.

Agosto 1961

Tra pochi giorni il filo spinato sarà sostituito dal muro. Alla metà di settembre è già lungo 3 chilometri - come nella Zimmerstraße, al centro di Berlino.

WER UNS ANGREIFT WIRD VERNICHTET

August 1961	Die Mauer wird zur Grenzanlage mit Panzersperren und Gräben – wie hier an der Niederkirchnerstraße.
August 1961	The Wall becomes a border with tank barriers and ditches, like here, at Niederkirchnerstraße.
Août 1961	Le mur est transformé en installations de frontière avec des blocages blindés et des fossés, comme ici dans la Niederkirchnerstraße.
Agosto 1961	El muro es transformado en instalaciones de frontera con bloqueos blindados y zanjas, como aquí en la Niederkirchnerstraße.
Agosto 1961	Lungo la Niederkichnerstrasse il muro diventa un'area di confine con sbarramenti anticarro e trincee.

Bernauer Straße – 10 Minuten vor seiner Flucht – der Wachtposten, misstrauisch nach hinten sichernd, sollte durch seinen spektakulären Sprung über den Stacheldraht der erste von mehreren geflüchteten Volksarmisten sein.

Bernauer Straße - 10 minutes before his escape - the guard securing his back, will be the first of several military personnel to flee with a spectacular jump over the barbed wire.

Bernauer Straße, 10 minutes avant sa fuite, méfiant, s'assurant ses arrières, du fait de son saut spectaculaire par dessus le fil de barbelés, la sentinelle serait le premier de plusieurs soldats de l'armée populaire à fuir.

Bernauer Straße, 10 minutos antes de su huida, desconfiado, asegurándose hacia atrás, por su espectacular salto por encima de la alambra de espinos, el vigía sería el primero de varios soldados del ejercito popular en huir.

Bernauer Straße - 10 minuti prima della sua fuga. Grazie al suo spettacolare salto dall'altra parte del filo spinato la guardia, che osserva dietro di sé con aria diffidente, sarà il primo di molti soldati che si daranno alla fuga.

15.08.1961

SECTEUR RA

15.08.1961

Um schneller zu sein, entledigt er sich seiner Dienstwaffe und wird durch einen gewagten Sprung über den Stacheldraht zum Sinnbild des Freiheitswillens, nicht nur in diesen ersten Tagen. Einer von 2000 Volkspolizisten und Grenzsoldaten, die in fünf Jahren nach dem Bau der Mauer flüchten sollten.

To be quicker, he lays down his weapon, and with his jump over the barbed wire, he becomes the symbol of the will to be free. This will is not only seen in these first few days, he was only one of 2000 soldiers that fled during the five years following the construction of The Wall.

Pour aller plus vite il abandonna son arme de service et grâce à un saut audacieux par dessus le fil barbelé il se convertira en un symbole de la volonté d'obtenir la liberté, pas uniquement dans ces premiers jours. Un des 2000 soldats qui fuiront dans les cinq ans qui suivirent la construction du mur.

Para ir más rápido abandonó su arma de servicio y gracias a un salto atrevido por encima del alambre de espinos se convertirá en símbolo de la voluntad de libertad, no únicamente en estos primeros días. Uno de los 2000 soldados que huirían en los cinco años que siguieron a la construcción del muro.

Per correre più in fretta, si libera delle armi di ordinanza e saltando dall'altra parte del filo spinato diventerà il simbolo del desiderio di libertà, non solo nei primi giorni del muro. Il primo dei duemila soldati destinati a fuggire nei cinque anni successivi alla costruzione del muro.

1961

Die vor wenigen Tagen noch begrenzt möglichen Kontakte über den Stacheldraht sind jetzt gänzlich durch den Mauerbau unterbunden. Was bleibt ist nur noch Blickkontakt.

Any contact across the barbed wire that had been possible until a few days ago, is now entirely impossible due to the construction of The Wall. What remains is visual contact.

Les possibilités de contact par dessus le fil barbelé qui, il y a quelques jours été limitées, sont maintenant complètement empêchées par la construction du mur. Il ne reste plus que le contact visuel.

Las posibilidades de contacto por encima del alambre de espinos que hace unos días aún estaban limitadas, ahora están completamente impedidas por la construcción del muro. Lo que queda ya no es más que contacto visual.

I contatti con chi sta dall'altra parte del muro, che - seppure limitati - sino a qualche giorno prima erano ancora possibili, sono ora interdetti dalla costruzione del muro. L'unico contatto possibile è ora quello degli sguardi.

17.08.1961

Die Teilung wird immer vollkommener. Als letzte Fluchtmöglichkeit verbleibt jetzt nur noch ein Sprung aus dem Fenster der zu Ost-Belin gehörenden Häuser auf den zu West-Berlin gehörenden Gehsteig. ►

The division becomes more and more complete. The last opportunity to flee that remains is a jump from the window of houses now belonging to East Berlin to the sidewalk belonging to West Berlin. ►

La séparation est chaque foi plus complète. Comme dernière possibilité de fuir il ne reste plus qu'un saut par une fenêtre des maisons qui font partie de Berlin est sur le trottoir qui fait partie de Berlin ouest. ►

La división es cada vez más completa. Como última posibilidad de huída ya no queda más que un salto desde una ventana de las casas que pertenecen a Berlín este sobre la acera que pertenece a Berlín oeste. ►

La separazione è sempre più netta. L'ultima possibilità di fuga è rappresentata ora da un salto dalla finestra delle case di Berlino Est affacciate sui marciapiedi di Berlino Ovest. ►

▲ Folglich werden jetzt die grenznahen Häuser, wie hier in der Harzer Straße, zwangsgeräumt. Unter der Bewachung von Volkspolizisten werden Möbel in die Transportwagen geräumt.

▲ As a result, buildings that are close to the border, such as this one on Harzer Straße, are forcibly evacuated. The police guard the moving of furniture into the truck.

▲ En conséquence, maintenant les maisons proches à la frontière, comme ici dans la Harzer Straße, sont évacuées. Sous la garde de policiers populaires des meubles sont ramassés dans les véhicules de transport.

▲ Como consecuencia ahora las casas cercanas a la frontera, como aquí en la Harzer Straße, son desahuciadas. Bajo el control de policías populares unos muebles son recogidos en los vehículos de transporte.

▲ In seguito le case confinanti con Berlino Ovest, come queste della Harzer Straße, saranno fatte sgombrare. Sotto gli occhi dei poliziotti, la gente ammassa i mobili sui camion.

1961

 Bernauer Straße – Mutter und Tante der Braut gratulieren aus dem Fenster im Ostsektor . . .

 Bernauer Straße - Mother and aunt of the bride congratulate from the window in the East Sector . . .

 Bernauer Straße - La mère et la tante de la mariée envoient des félicitations depuis la fenêtre dans le secteur est . . .

 Bernauer Straße - La madre y la tía de la novia manda felicitaciones desde la ventana en el sector este . . .

 Bernauer Straße - Madre e zia della sposa fanno gli auguri affacciate dalla finestra Settore est . . .

Hochzeit im Schatten der Mauer.

 Wedding in the shadow of The Wall.

 Mariage à l'ombre du mur.

 Boda a la sombra del muro.

 Matrimonio all'ombra del muro.

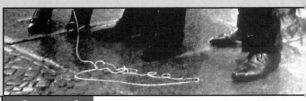

08.09.1961

 . . . dem soeben getrauten Hochzeitspaar mit einem an der Schnur herabgelassenen Blumenstrauß

 . . . The couple that was just married with a bouquet of flowers let down to them on a rope.

 . . . Le couple qui vient de célébrer ses noces avec un bouquet descendu avec une corde.

 . . . La pareja que acaba de contraer nupcias con un ramo bajado con una cuerda.

 . . . I neosposi con un mazzo di fiori legato a una cordicella.

Auch hier in der Bernauer Straße verbleibt nur noch die Flucht aus den Fenstern.
Unter aufgebrachten Zurufen der West-Berliner lassen Angehörige der Volksarmee die 77 jährige Oma Schulze in das aufgespannte Sprungtuch auf West-Berliner Seite gleiten.

Here, on Bernauer Straße, the only escape is to flee from the windows.
West Berliners call excitedly, as members of the Army let 77-year old grandmother Schulze glide into the opened jumping sheet on the West Berlin side.

| September 1961 |
| September 1961 |
| Septembre 1961 |
| Septiembre 1961 |
| Settembre 1961 |

Ici aussi, dans la Bernauer Straße il ne reste plus que la fuite par les fenêtres.
Sous les cris irrités des berlinois de l'ouest des soldats de l'armée populaire laissent que la grand mère Schulze de 77 ans se glisse au côté ouest de Berlin dans la toile de saut tendue.

Aquí también, en la Bernauer Straße no queda más que la huida por las ventanas.
Bajo las llamadas irritadas de los berlineses del oeste soldados del ejercito popular dejan que la abuelita Schulze de 77 años se deslice al lado oeste de Berlín en la lona de salto tensada.

Anche sulla Bernauer Straße l'unica possibilità di fuga restano le finestre.
Tra le urla degli abitanti di Berlino Ovest, i soldati della Volkarmee fanno scivolare verso Berlino Ovest la settantasetten-ne Oma Schulze, servendosi di un telo di salvataggio teso a guisa di scivolo.

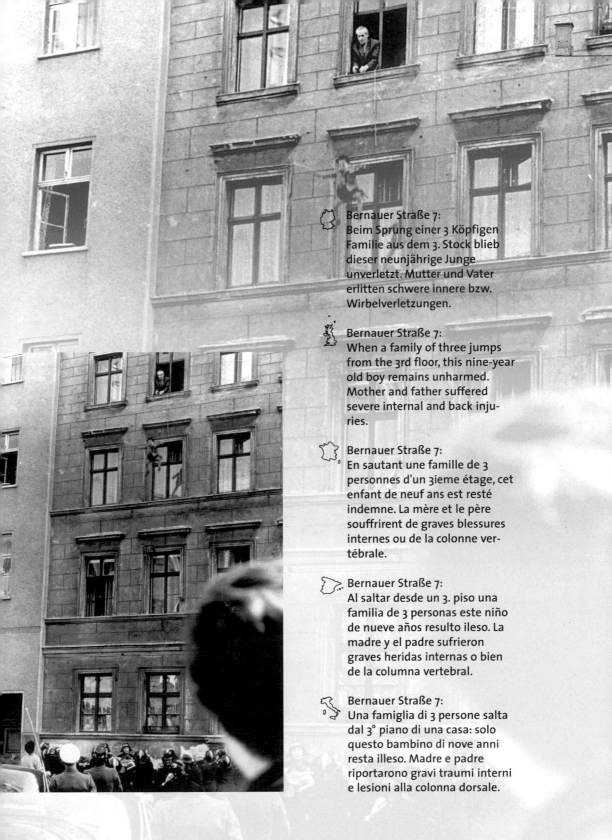

Bernauer Straße 7:
Beim Sprung einer 3 Köpfigen Familie aus dem 3. Stock blieb dieser neunjährige Junge unverletzt. Mutter und Vater erlitten schwere innere bzw. Wirbelverletzungen.

Bernauer Straße 7:
When a family of three jumps from the 3rd floor, this nine-year old boy remains unharmed. Mother and father suffered severe internal and back injuries.

Bernauer Straße 7:
En sautant une famille de 3 personnes d'un 3ieme étage, cet enfant de neuf ans est resté indemne. La mère et le père souffrirent de graves blessures internes ou de la colonne vertébrale.

Bernauer Straße 7:
Al saltar desde un 3. piso una familia de 3 personas este niño de nueve años resulto ileso. La madre y el padre sufrieron graves heridas internas o bien de la columna vertebral.

Bernauer Straße 7:
Una famiglia di 3 persone salta dal 3° piano di una casa: solo questo bambino di nove anni resta illeso. Madre e padre riportarono gravi traumi interni e lesioni alla colonna dorsale.

28.10.1961

Ein in Ost-Berlin zu Unrecht gestoppter Wagen mit Angehörigen der US-Armee musste vor wenigen Tagen per Geleitschutz befreit werden. Jetzt stehen sich amerikanische und sowjetische Panzer in höchster Alarmbereitschaft am Checkpoint Charlie gegenüber.

A few days later, a vehicle with members of the US Army was stopped illegally and had to be freed with an escort. American and Russian tanks are now parked across from each other at Checkpoint Charlie on the highest alert.

Une automobile avec des soldats de l'armée américaine arrêtée à Berlin est due être libérée il y a quelques jours sous la protection d'escorte. Maintenant les chars américains et soviétiques se trouvent face à face en alerte maximum à Checkpoint Charlie.

Un automóvil con soldados del ejército de los E.U. parado en Berlín este tuvo que ser liberado hace unos pocos días bajo la protección de escolta. Ahora los tanques americanos y soviéticos se encuentran frente a frente en estado de alerta máxima en Checkpoint Charlie.

Un'automobile fermata per errore a Berlino Est con a bordo alcuni soldati dell'esercito USA fu liberata alcuni giorni dopo, grazie all'intervento di una scorta. Checkpoint Charlie: carri armati americani e sovietici in stato d'allerta, gli uni di fronte agli altri.

Kampfalarm am Checkpoint Charlie, nach dem wiederum ein Testwagen der US-Armee entgegen einem internationalen Abkommen in Ostberlin gestoppt wurde.

Fight alarm at Checkpoint Charlie after test vehicles of the US Army continue to be stopped in East Berlin in violation of the international treaty.

Branle-bas de combat à Checkpoint Charlie après qu'une voiture d'essais de l'armée américaine fuse arrêtée à Berlin est, ce-ci allant contre un accord international.

Alerta de combate en Checkpoint Charlie después de que un coche de prueba del ejército de los EE.UU. fuera parado en Berlín este en contra de un acuerdo internacional.

Allarme a Checkpoint Charlie, dopo che un'altra automobile dell'esercito USA, contravvenendo ad un accordo internazionale, è stata fermata a Berlino Est.

◄ Britische Soldaten sichern ihren Sektor am Brandenburger Tor.

◄ British soldiers secure their Sector at the Brandenburg Gate.

◄ Des soldats britanniques assurent leur secteur près de la porte de Brandenburg.

◄ Soldados británicos aseguran su sector junto a la puerta de Brandenburgo.

◄ Soldati inglesi di guardia al loro settore nei pressi della Porta di Brandeburgo.

Checkpoint Charlie 1961

„Wir verteidigen die Freiheit von Paris, London und New York, wenn wir uns für die Freiheit von Berlin einsetzen!" (Kennedy 1961)

"We defend the freedom of Paris, London and New York when we fight for the freedom of Berlin!" (Kennedy 1961)

„Nous défendons la liberté de Paris, Londres et New York lorsque nous nous engageons en faveur de la liberté de Berlin!" (Kennedy 1961)

"¡Defendemos la libertad de Paris, Londres y New York cuando interferimos a favor de la libertad de Berlín!" (Kennedy 1961)

"Difendiamo la libertà di Parigi, Londra e New York se ci impegnamo per la libertà di Berlino!". (Kennedy 1961)

Checkpoint Charlie 1989

Für Fahrzeuge der US-Armee ist der Weg über den Checkpoint Charlie frei.

The route is open for vehicles of the US Army through Checkpoint Charlie.

Pour les véhicules de l'armée américaine la voie à travers Checkpoint Charlie est libre.

Para vehículos del ejército de EE.UU. el camino a través de Checkpoint Charlie está libre.

I veicoli americani passano liberamente attraverso il Checkpoint Charlie.

1961

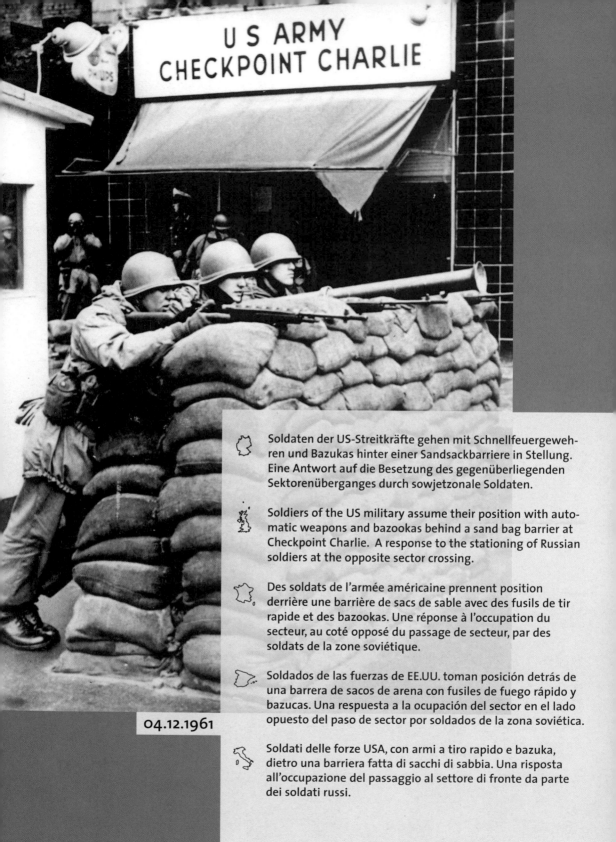

US ARMY
CHECKPOINT CHARLIE

Soldaten der US-Streitkräfte gehen mit Schnellfeuergeweh-
ren und Bazukas hinter einer Sandsackbarriere in Stellung.
Eine Antwort auf die Besetzung des gegenüberliegenden
Sektorenüberganges durch sowjetzonale Soldaten.

Soldiers of the US military assume their position with auto-
matic weapons and bazookas behind a sand bag barrier at
Checkpoint Charlie. A response to the stationing of Russian
soldiers at the opposite sector crossing.

Des soldats de l'armée américaine prennent position
derrière une barrière de sacs de sable avec des fusils de tir
rapide et des bazookas. Une réponse à l'occupation du
secteur, au coté opposé du passage de secteur, par des
soldats de la zone soviétique.

Soldados de las fuerzas de EE.UU. toman posición detrás de
una barrera de sacos de arena con fusiles de fuego rápido y
bazucas. Una respuesta a la ocupación del sector en el lado
opuesto del paso de sector por soldados de la zona soviética.

04.12.1961

Soldati delle forze USA, con armi a tiro rapido e bazuka,
dietro una barriera fatta di sacchi di sabbia. Una risposta
all'occupazione del passaggio al settore di fronte da parte
dei soldati russi.

28

TYPISCH FÜR DIESE TAGE !

US-Soldat und Volksarmist stehen sich an der weißen Grenzlinie am Grenzübergang Friedrich-/ Ecke Zimmerstraße, ihre Standpunkte vertretend, gegenüber.

TYPICAL IN THOSE DAYS !

US soldier and People's Army soldier standing face-to-face to each other at the white border line at the corner of Friedrich and Zimmerstraße, representing their viewpoints.

TYPIQUE DE CES TOURS LÀ !

Les soldats américains et ceux de l'armée populaire se trouvent face à face près de la ligne de démarcation du passage frontalier de la rue Friedrich-/ angle Zimmerstraße, défendant leurs postes.

¡TÍPICO DE AQUELLOS DÍAS !

Los soldados de EE.UU. y los del ejercito popular están frente a frente junto a la línea de delimitación del paso fronterizo de la calle Friedrich-/ esquina Zimmerstraße, defendiendo sus puestos.

UNA SITUAZIONE COMUNE IN QUESTI GIORNI !

Un soldato americano e uno della DDR di fronte lungo la bianca linea di confine, al posto di passaggio lungo la Friedrichstraße/angolo Zimmerstraße, al loro punto di osservazione.

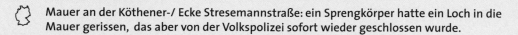 Mauer an der Köthener-/ Ecke Stresemannstraße: ein Sprengkörper hatte ein Loch in die Mauer gerissen, das aber von der Volkspolizei sofort wieder geschlossen wurde.

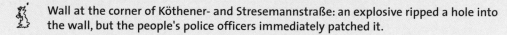 Wall at the corner of Köthener- and Stresemannstraße: an explosive ripped a hole into the wall, but the people's police officers immediately patched it.

Mur dans la rue Köthener-/ angle Stresemannstraße: un explosif a ouvert un trou dans le mur, mais il fut immédiatement fermé par la police populaire.

Muro en la calle Köthener-/ esquina Stresemannstraße: un explosivo había abierto un agujero en el muro, pero volvió a ser inmediatamente cerrado por la policía popular.

Il Muro lungo la Köthener Straße/angolo Stresemannstraße con un corpo contundente era stato praticato un foro, immediatamente richiuso dalla polizia.

INSGESAMT ZEHN ANSCHLÄGE EREIGNETEN SICH IM 1. JAHR NACH DEM MAUERBAU.

A TOTAL OF TEN ATTACKS TOOK PLACE DURING THE FIRST YEAR FOLLOWING THE ERECTION OF THE WALL.

AU TOTAL IL Y EU DIX ATTENTAS AU COUR DE LA 1.IÈRE ANNÉE APRÈS LA CONSTRUCTION U MUR.

EN TOTAL OCURRIERON DIEZ ATENTADOS EN EL 1. AÑO QUE SIGUIÓ LA CONSTRUCCIÓN DEL MURO.

COMPLESSIVAMENTE NEL PRIMO ANNO DALLA SUA COSTRUZIONE SI CONTARONO DIECI ATTENTATI CONTRO IL MURO.

Kreuzberg 1962

 Ein West-Berliner Polizist steht hinter einem „Kugelschutz" aus Sandsäcken.

 A West-Berlin police officer stands behind "bullet protection" made of sand bags.

 Un policier de Berlin ouest est derrière une „protection contre les balles " en sacs de sable.

 Un policía de Berlín oeste está detrás de una "protección contra balas" de sacos de arena.

 Un poliziotto di Berlino Ovest sta dietro un "riparo" costruito con sacchi di sabbia.

17.01.1962

Einblick:
US-Oberst Shafer filmt in der Bernauer Straße über die Mauer hinweg nach Ost-Berlin hinein.

Insight:
US General Shafer films on Bernauer Straße across the wall and into East Berlin.

Vue:
Le colonel américain Shafer filme dans la Bernauer Straße, par-dessus le mur vers l'intérieur de Berlin est.

Vista:
El coronel Shafer de EE.UU. filma en la Bernauer Straße por encima del muro hacia el interior de Berlín este.

Vista:
Shafer, un colonnello USA, filma in Bernauer Straße l'altro lato del Muro, con vista su Berlino Est.

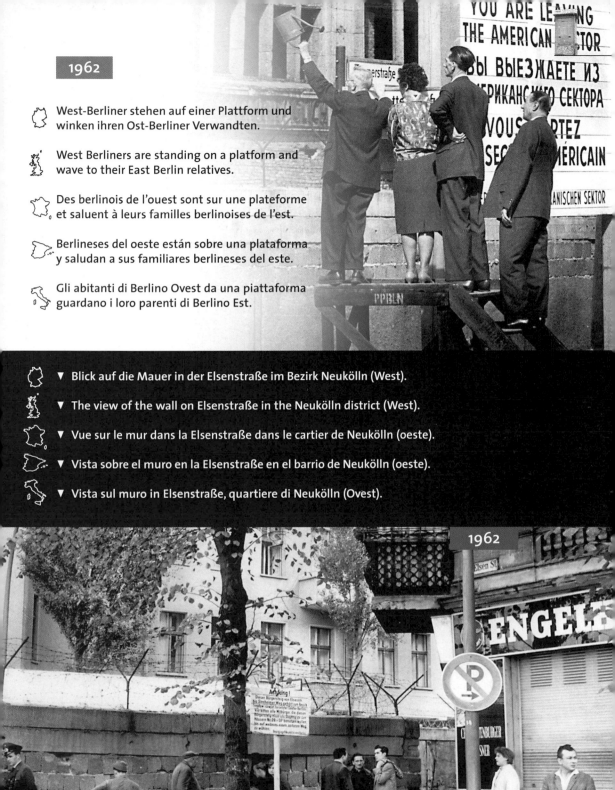

1962

West-Berliner stehen auf einer Plattform und winken ihren Ost-Berliner Verwandten.

West Berliners are standing on a platform and wave to their East Berlin relatives.

Des berlinois de l'ouest sont sur une plateforme et saluent à leurs familles berlinoises de l'est.

Berlineses del oeste están sobre una plataforma y saludan a sus familiares berlineses del este.

Gli abitanti di Berlino Ovest da una piattaforma guardano i loro parenti di Berlino Est.

▼ Blick auf die Mauer in der Elsenstraße im Bezirk Neukölln (West).

▼ The view of the wall on Elsenstraße in the Neukölln district (West).

▼ Vue sur le mur dans la Elsenstraße dans le cartier de Neukölln (oeste).

▼ Vista sobre el muro en la Elsenstraße en el barrio de Neukölln (oeste).

▼ Vista sul muro in Elsenstraße, quartiere di Neukölln (Ovest).

1962

Unter Bewachung eines DDR-Volksarmisten wird eine durch einen Sprengstoffanschlag entstandene Lücke in der Mauer an der Bernauer-/ Ecke Schwedter Straße geschlossen. Die Anschläge endeten abrupt, nachdem ein Student beim Experimentieren ums Leben kam.

The DDR soldiers guard the closing of the gap that resulted from a bombing of the wall at the corner of Bernauer and Schwedter Straße.
The attacks ended abruptly after a student died while experimenting with explosives.

Sous la surveillance d'un soldat de l'armée populaire de la RDA on ferme un trou fait par un attentat aux explosifs dans la rue Bernauer-/ angle Schwedter Straße.
Les attentats se terminèrent brusquement après qu'un étudiant perdisse la vie en expérimentant.

Bajo la vigilancia de un soldado del ejercito popular de la RDA se cierra un agujero echo por un atentado con explosivos en el muro, en la calle Bernauer-/ esquina Schwedter Straße. Los atentados se terminaron abruptamente después de que un estudiante perdiese la vida al experimentar.

Sotto gli occhi di un soldato della DDR, viene riparato un muro danneggiato da un attentato dinamitardo lungo la Bernauer Straße/angolo Schwedter Straße.
Gli attentati cessano immediatamente dopo che uno studente perde la vita durante uno di questi tentativi.

Mai 1962
May 1962
Mai 1962
Mayo 1962
Maggio 1962

1962

Zur Grenze werden jetzt zugemauerte Häuserfassaden. Baulücklen und Straßenübergänge werden durch Mauern geschlossen. Hier die später gesprengte Versöhnungskirche.

At the border, house façades are being bricked up.Empty sites and street intersections are being closed off by walls. Here the later bombed Versöhnungskirche (Church of Reconciliation).

Des façades murées font désormais office de frontière. Les espaces entre les immeubles et au passage des rues sont comblés par des murs. Ici l'église de la réconciliation qui fut dynamitée plus tard.

Las fachadas de casas tapiadas sirven ahora como frontera. Los espacios entre construcciones y los cruces de calles se cierran con muros. Aquí la iglesia de la reconciliación que fue volada más tarde.

Ora segnano il confine le facciate murate delle case. Lo spazio tra un edificio e l'altro nonché il passaggio da una strada all'altra vengono chiusi con muri. La chiesa della Riconciliazione, che in seguito sarà distrutta.

35

GEDENKSTÄTTE BERLINER MAUER

Das Denkmal der Bundesrepublik Deutschland „zur Erinnerung an die Teilung der Stadt und zum Gedenken an die Opfer der Kommunistischen Gewaltherrschaft" besteht aus original erhaltenen Teilen der Grenzanlagen. Es wurde am 09. November 1999 eingeweiht.

BERLIN WALL MEMORIAL

The Federal Republic of Germany's monument "in memory of the division of the city and in recollection of the victims of the Communist tyranny" consists of original pieces of the border structures. It was officially opened on 09th november, 1999.

MÉMORIAL DU MUR DE BERLIN

Ce monument édifié par la République fédérale d'Allemagne " en souvenir de la division de la ville et en mémoire aux victimes de la terreur communiste " est constitué de morceaux d'origine de l'ancienne frontière. Il a été inauguré le 09. novembre 1999.

MONUMENTOS CONMEMORATIVOS DEL MURO DE BERLÍN

El monumento de la República Federal de Alemania "en recuerdo de la división de la ciudad y en homenaje a las víctimas de la tiranía comunista" está formado por trozos originales tomados de las instalaciones fronterizas. Fue innovember el 09 de novienbre de 1999.

LUOGO COMMEMORATIVO DEL MURO DI BERLINO

Il monumento della Repubblica Federale Tedesca "in ricordo alla divisione della città e a commemorazione delle vittime del dispotismo comunista" è composto da resti originali della costruzione di confine. Fu inaugurato il 09 novembre 1999.

DOKUMENTATIONSZENTRUM BERLINER MAUER · Bernauer Straße 111 · D-13355 Berlin
Telefon: ++49 (0) 30/464 10 30 · Fax: ++49 (0) 30/46069740
info@berliner-mauer-dokumentationszentrum.de
www.berliner-mauer-dokumentationszentrum.de

19.12.1963

Ein Erfolg der Politik der kleinen Schritte! Erstes Passierscheinabkommen. Vor der Antragstelle für Passierscheine in der Schillerstraße in Charlottenburg hat sich eine lange Warteschlange gebildet.

Successful politics of small steps! First pass agreement. A long line of waiting people has formed in front of the application booth for passes on Schillerstraße in Charlottenburg.

¡Un succès de la politique du peu à peu! Premier accord sur les sauf-conduits. Face à l'endroit de demande de sauf-conduits dans la Schillerstraße à Charlottenburg s'est formée une longue queue d'attente.

¡Un éxito de la política del poco a poco! Primer acuerdo sobre salvoconductos. Frente al lugar de solicitud para salvoconductos en la Schillerstraße en Charlottenburg se ha formado una larga cola de espera.

Un successo della politica dei piccoli passi! Primo accordo sui lasciapassare. Davanti all'ufficio permessi di Schillerstraße, a Charlottenburg, si è formata una lunga fila d'attesa.

12.12.1963

Eine alte Dame aus West-Berlin zeigt stolz ihren Passierschein, der sie zum Verwandtenbesuch in Ost-Berlin berechtigt.

An old lady from West Berlin proudly shows off her pass that entitles her to visit relatives in East Berlin.

Une vieille femme de Berlin ouest montre avec orgueil son sauf-conduit qui l'autorise à visiter sa famille à Berlin est.

Una anciana de Berlín oeste muestra orgullosa su salvoconducto que la autoriza a visitar a familiares en Berlín este.

Una vecchia signora di Berlino Ovest mostra con orgoglio il proprio lasciapassare, che le consente di visitare un parente a Berlino Est.

Grenzübergang Friedrichstraße: Abfertigungsbaracken

Border checkpoint Friedrichstraße: Processing barracks

Passage frontalier de la Friedrichstraße: Baraques de dédouanement

Paso fronterizo Friedrichstraße: Barracas de despacho

Passaggio della frontiera lungo la Friedrichstraße Baracche

02.11.1964

DDR-Bürger warten in der Friedrichstraße auf ihre Verwandten aus West-Berlin.

DDR citizens wait for their relatives from West Berlin on Friedrichstraße.

Des citoyens de la RDA attendent dans la Friedrichstraße leur famille de Berlin ouest.

Ciudadanos de la RDA esperan en la Friedrichstraße a sus familiares de Berlín oeste.

Cittadini della DDR nella Friedrichstraße aspettano i loro parenti che vivono a Berlino Ovest.

20.12.1963

West-Berliner passieren die Grenze zum Weihnachtsbesuch zwischen Kreuzberg und Friedrichshain.

West Berliners pass the border for Christmas visits between Kreuzberg and Friedrichshain.

Des berlinois de l'ouest traversent la frontière pour la visite de Noël entre Kreuzberg et Friedrichshain.

Berlineses del oeste cruzan la frontera para la visita de navidades entre Kreuzberg y Friedrichshain.

Gli abitanti di Berlino Ovest attraversano il confine tra Kreuzberg e Friedrichshain in occasione delle festività natalizie.

19.12.1964

Besucherverkehr am Grenzübergang Oberbaumbrücke.

Visitor traffic at the checkpoint Oberbaumbrücke.

Trafic de visiteurs au poste frontalier du pont Oberbaum.

Trafico de visitantes en el puesto fronterizo en el puente Oberbaum.

Movimento di visitatori presso l'Oberbaumbrücke, al passaggio della frontiera.

39

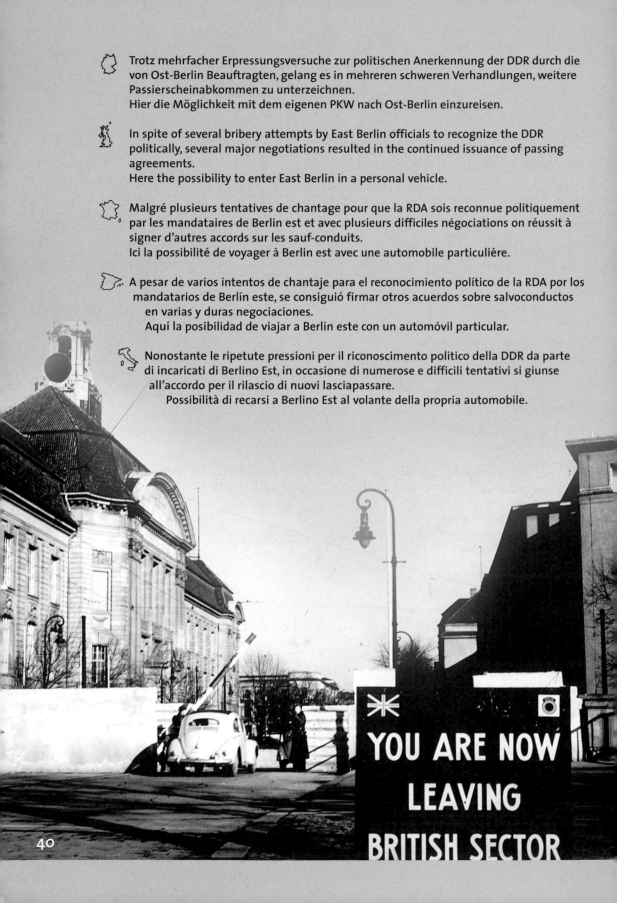

Trotz mehrfacher Erpressungsversuche zur politischen Anerkennung der DDR durch die von Ost-Berlin Beauftragten, gelang es in mehreren schweren Verhandlungen, weitere Passierscheinabkommen zu unterzeichnen.
Hier die Möglichkeit mit dem eigenen PKW nach Ost-Berlin einzureisen.

In spite of several bribery attempts by East Berlin officials to recognize the DDR politically, several major negotiations resulted in the continued issuance of passing agreements.
Here the possibility to enter East Berlin in a personal vehicle.

Malgré plusieurs tentatives de chantage pour que la RDA sois reconnue politiquement par les mandataires de Berlin est et avec plusieurs difficiles négociations on réussit à signer d'autres accords sur les sauf-conduits.
Ici la possibilité de voyager à Berlin est avec une automobile particulière.

A pesar de varios intentos de chantaje para el reconocimiento político de la RDA por los mandatarios de Berlín este, se consiguió firmar otros acuerdos sobre salvoconductos en varias y duras negociaciones.
Aquí la posibilidad de viajar a Berlín este con un automóvil particular.

Nonostante le ripetute pressioni per il riconoscimento politico della DDR da parte di incaricati di Berlino Est, in occasione di numerose e difficili tentativi si giunse all'accordo per il rilascio di nuovi lasciapassare.
Possibilità di recarsi a Berlino Est al volante della propria automobile.

YOU ARE NOW LEAVING BRITISH SECTOR

Magnetschwebebahn am Potsdamer Platz.

Magnetic-field cableway at Potsdamer Platz.

Train à suspension magnétique à la place de Potsdam.

Tren de deslizamiento magnético en la plaza de Potsdam.

Teleferica sulla Potsdamer Platz.

Grenzanlage mit Hinterlandmauer und Todesstreifen.

Border structure with hinterland wall and no-man's-land.

Dispositifs frontaliers : mur de séparation avec le " hinterland " et couloir de la mort.

Frontera con muro interior y franja de la muerte.

Costruzione di confine con Muro nell'entroterra e striscia della morte.

41

POTSDAMER PLATZ

 ❶ Hump barriers

 ❶ Butoirs de barrage

 ❶ Topes de barrera

 ❶ Barriera a sporgenze

 ❷ Berlin Wall

 ❷ Mur

 ❷ Muro

 ❷ Muro

 ❸ Convoy path and light trail

 ❸ Voie des colonnes etsillon de lumiére

 ❸ Camino para convoyes y via de luces

 ❸ Percorso a colonna e via luminosa

 ❹ Control strip

 ❹ Bande de contrôle

 ❹ Banda de control

 ❹ Striscia di controllo

42

❶ HÖCKERSPERREN

BERLIN WEST

BERLIN OST

❸ KOLONNENWEG
UND LICHTTRASSE

❹ KONTROLLSTREIFEN

❷ BERLINER MAUER

43

13000 FRAUEN VON IHREN MÄNNERN GETRENNT!

Mahnmal Peter Fechter.

Memorial for Peter Fechter.

Monument à Peter Fechter.

Monumento a Peter Fechter.

Commemorazione per Peter Fechter.

Grenztruppen der DDR.

Border troops.

Troupes de frontière.

Tropas de frontera.

Truppe di frontiera.

Sperranlagen am Potsdamer Platz.

Locking establishments at Potsdamer Platz.

Installations de blocage à la place de Potsdam.

Instalaciones de bloqueo en la plaza de Potsdam.

Posto di blocco sulla Potsdamer Platz.

Die letzten Fluchtmöglichkeiten werden unterbunden. DDR-Grenztruppen vermauern ein Fenster am Luckauer Platz/Sebastianstraße (Kreuzberg).

The last opportunities to flee are sealed off. DDR border troops wall up a window at Luckauer Platz/Sebastianstraße (Kreuzberg).

Les dernières possibilités de fuite sont empêchées. Des troupes de frontière de la RDA condamnent une fenêtre à la place Luckau /Sebastianstraße (Kreuzberg).

Las últimas posibilidades de huída son impedidas. Tropas de frontera de la RDA condenan una ventana en la plaza de Luckau /Sebastianstraße (Kreuzberg).

Vengono bloccate anche le ultime possibilità di fuga. Truppe di confine della DDR mura una finestra sulla Luckauer Platz/Sebastianstraße (Kreuzberg).

 Zwangsräumung der Häuser in der Sebastianstraße 2; Bezirksgrenze Kreuzberg/ Mitte.

Forced evacuation of the buildings on Sebastianstraße 2;
district border Kreuzberg/Mitte.

Expulsion des maisons dans la Sebastianstraße 2; frontière de district Kreuzberg/Mitte.

Desahucios de las casas en la Sebastianstraße 2; frontera de distrito Kreuzberg/Mitte.

Sgombero obbligato delle case al numero 2 di Sebastianstraße 2;
quartiere Kreuzberg/centro.

Für ein freies Schussfeld musste sogar diese Kirche weichen.

Even this church had to make way for a free shooting range.

Pour avoir un champ de tir libre même cette église du être retirée.

Vista sobre la iglesia de la reconciliación en la franja de la muerte antes de su voladura.

Per avere il campo di tiro libero, anche questa chiesa doveva essere spostata.

1965

1966

Blick auf die Versöhnungskirche im Todesstreifen vor ihrer Sprengung

View of the Versöhnungskirche (Church of Reconciliation) on the death strip prior to its bombing

Vue sur l'église de la réconciliation dans la frange de la mort avant d'être dynamitée

Para tener un campo de tiro libre hasta esta iglesia tuvo que ser retirada.

Vista sulla chiesa della Riconciliazione, nel corridoio della morte, prima del suo abbattimento.

28.01.1985

Sprengung des Turmes der Versöhnungskirche in der Bernauer Straße.

Blasting of the tower of the Versöhnungskirche (Church of Reconciliation) on Bernauer Straße.

Dynamitage de la tour de l'église de la réconciliation dans la Bernauer Straße.

Voladura de la torre de la iglesia de la reconciliación en la Bernauer Straße.

Abbattimento del campanile della chiesa della Riconciliazione nella Bernauer Straße.

Kapelle der Versöhnung an der Stelle der gesprengten Kirche.

Chapel of Reconciliation at the site of the church that was bombed.

Chapelle de la réconciliation à l'emplacement de l'église dynamitée.

La Capilla de la Reconciliación se erige en el lugar de la iglesia volada.

Cappella della riconciliazione sul luogo in cui si ergeva la chiesa, fatta saltare in aria.

06.07.1966

In der Lindenstraße wurde vom „Studio am Stacheldraht" ein neues Plakat angebracht: „Miteinander sprechen – nicht aufeinander schießen !"

A new poster is put up on the barbed wire by the studio on Lindenstraße, "Talk to each other - don't shoot at each other!"

Dans la Lindenstraße un nouveau panneau a été posé par le studio près du fil barbelé: „Parler les uns aux autres - ne pas tirer les uns sur les autres !"

En la Lindenstraße un nuevo cartel ha sido puesto por el estudio en el alambre de espinos: "¡Hablar unos con otros - no disparar los unos a los otros !"

Nella Lindenstraße nello studio teatrale sorto lungo il filo spinato una nuova targa recita: "Parlarsi, non spararsi!"

1962

„Niemand hat die Absicht eine Mauer zu errichten." Diese und andere Informationen zum Thema Mauerbau sendet das „Studio am Stacheldraht" Richtung Osten vom Reichstag her.

"No one intends to raise a wall." This and other information regarding the wall was sent by "Studio on the Barbed Wire" to the East from the Reichstag.

"Personne n'a l'intention de construire un mur " le „studio près du fil barbelé " envoie cette information-ci et d'autres sur le thème de la construction du mur depuis le Reichtag vers l'est.

"Nadie tiene la intención de construir un muro" Esta y otras informaciones sobre el tema de la construcción del muro envía el "estudio junto al alambre de espinos" desde el Reichtag hacia el este.

"Nessuno vuole erigere il muro." Dal parlamento tedesco, il Reichstag, il "Teatro Studio sul Filo Spinato" invia verso est queste e altre informazioni sulla costruzione del muro.

WACHTURM AM HEIDEKRUGGRABEN IN NEUKÖLLN.
Feste Wachtürme ermöglichen guten Einblick und freies Schussfeld im sogenannten Todesstreifen.

GUARD TOWER AT HEIDEKRUGGRABEN IN NEUKÖLLN.
Strong watchtowers facilitate a good view and free firing range into no-man's-land.

TOUR DE SURVEILLANCE PRÈS DU HEIDEKRUGGRABEN À NEUKÖLLN.
Les miradors surplombant le couloir de la mort offrent des conditions de tir idéales.

TORRE DE VIGILANCIA JUNTO AL HEIDEKRUGGRABEN EN NEUKÖLLN.
Las torres de vigilancia fortificadas brindaban buena visibilidad y un campo de tiro libre hacia la así llamada franja de la muerte.

TORRE DI GUARDIA PRESSO HEIDEKRUGGRABEN A NEUKÖLLN.
Le solide torrette di guardia consentono di scrutare e sparare liberamente sulle cosiddette strisce della morte.

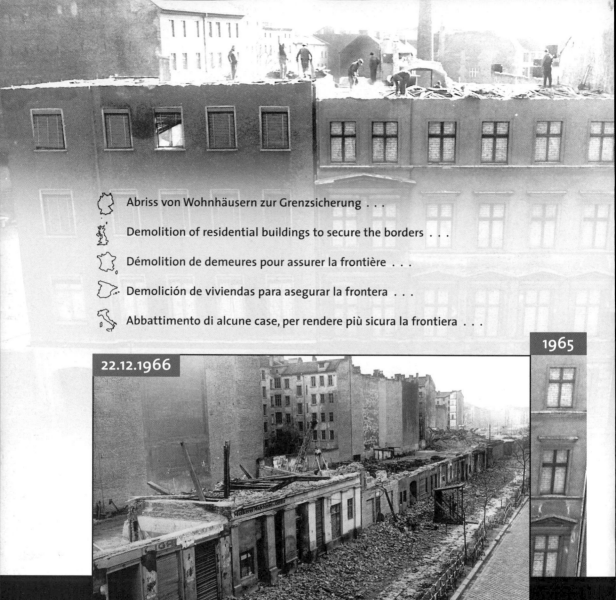

Abriss von Wohnhäusern zur Grenzsicherung . . .

Demolition of residential buildings to secure the borders . . .

Démolition de demeures pour assurer la frontière . . .

Demolición de viviendas para asegurar la frontera . . .

Abbattimento di alcune case, per rendere più sicura la frontiera . . .

1965

22.12.1966

. . . und zur Schaffung von freiem Schussfeld in der Bernauer Straße.

. . . and to create a free shooting range on Bernauer Straße.

. . . et pour l'obtention d'un champs de tir libre dans la Bernauer Straße.

. . . y para la obtención de un campo de tiro libre en la Bernauer Straße.

. . . e per creare un campo di tiro libero lungo la Bernauer Straße.

Sprengung von Häusern in der Zimmerstraße (Mitte).

Blasting of buildings on Zimmerstraße (Mitte).

Dynamitage de maisons dans la Zimmerstraße (Mitte).

Voladura de casas en la Zimmerstraße (Mitte).

Abbattimento di alcune case nella Zimmerstraße (centro).

1965

Stacheldraht wird durch Betonröhren auf der Mauer in der Lindenstraße ersetzt.
Betonröhren machen ein Erklimmen der Mauer unmöglich – sie bieten keinen Halt.

Barbed wire is replaced with concrete pipes on the wall on Lindenstraße.
Concrete pipes made climbing the wall impossible - they offer no hold.

Le barbelé est substitué par des tubes en béton au mur et dans la Lindenstraße.
Les tubes de béton rendent une escalade de mur impossible - ils n'offrent aucune prise.

El alambre de espinos es sustituido por tubos de hormigón en el muro y en la
Lindenstraße. Los tubos de hormigón hacen que una escalada del muro sea
imposible - no ofrecen ningún apoyo.

Tubi di cemento sostituiscono il filo spinato del muro, lungo la Lindenstraße.
I tubi di cemento rendono impossibile arrampicarsi sui tubi di cemento, in quanto non
offrono punti di appiglio.

1966

Zimmer-/Ecke Friedrichstraße am Checkpoint Charlie.
Die Mauer der ersten Generation wurde später durch „moderne Grenzanlagen"
mit Ausländerübergang ersetzt.

Zimmer-/corner of Friedrichstrasse at Checkpoint Charlie. The wall of the first
generation was later replaced by "modern border structures" with a passage through for
foreigners.

Intersection de la Zimmerstraße et de la Friedrichstraße au niveau de Checkpoint-
Charlie Le Mur de la première génération fut ensuite remplacé par des " installations
frontalières " modernes comportant un passage pour les visiteurs étrangers.

Zimmer-/Esquina de Friedrichstraße en el punto de control Charlie El muro de la primera
generación fue reemplazado posteriormente por "modernas instalaciones limítrofes"
con un paso fronterizo.

Zimmer-/Angolo Friedrichstraße presso il Checkpoint-CharlieII Muro della prima
generazione successivamente fu sostituito da "moderne costruzioni di confine" con
passaggio per gli stranieri.

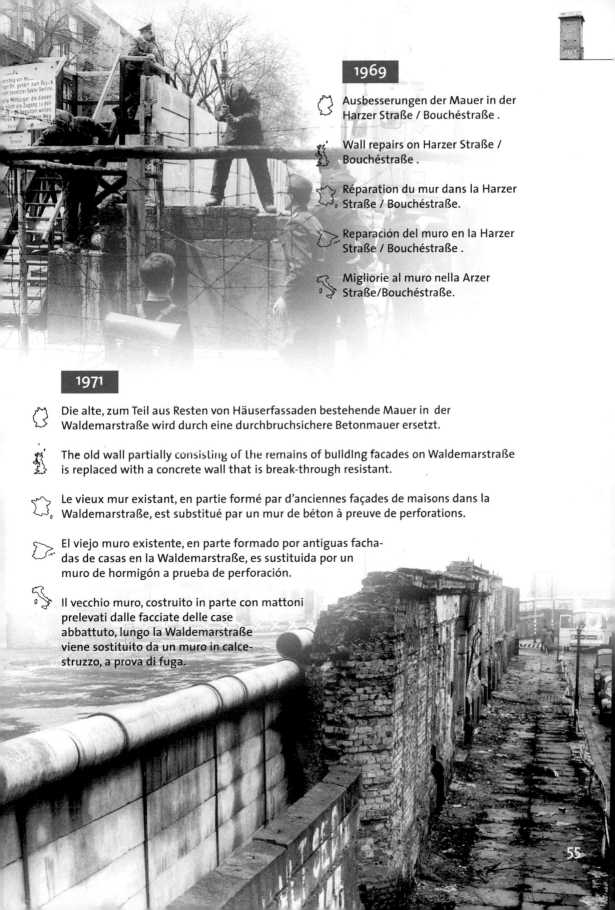

1969

Ausbesserungen der Mauer in der Harzer Straße / Bouchéstraße.

Wall repairs on Harzer Straße / Bouchéstraße.

Réparation du mur dans la Harzer Straße / Bouchéstraße.

Reparación del muro en la Harzer Straße / Bouchéstraße.

Migliorie al muro nella Arzer Straße/Bouchéstraße.

1971

Die alte, zum Teil aus Resten von Häuserfassaden bestehende Mauer in der Waldemarstraße wird durch eine durchbruchsichere Betonmauer ersetzt.

The old wall partially consisting of the remains of building facades on Waldemarstraße is replaced with a concrete wall that is break-through resistant.

Le vieux mur existant, en partie formé par d'anciennes façades de maisons dans la Waldemarstraße, est substitué par un mur de béton à preuve de perforations.

El viejo muro existente, en parte formado por antiguas fachadas de casas en la Waldemarstraße, es sustituida por un muro de hormigón a prueba de perforación.

Il vecchio muro, costruito in parte con mattoni prelevati dalle facciate delle case abbattuto, lungo la Waldemarstraße viene sostituito da un muro in calcestruzzo, a prova di fuga.

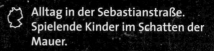

1970

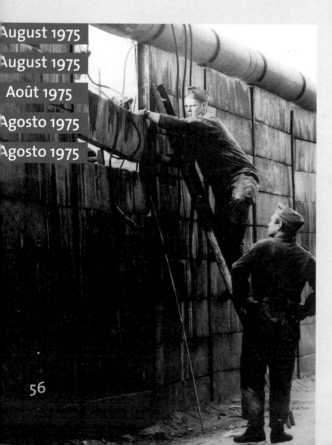

Alltag in der Sebastianstraße. Spielende Kinder im Schatten der Mauer.

Everyday life on Sebastianstraße. Children playing in the shadow of The Wall.

Jour quelconque dans la Sebastianstraße. Des enfants jouant à l'ombre du mur.

Día cualquiera en la Sebastianstraße. Niños jugando a la sombra del muro.

Vita quotidiana nella Sebastianstraße. Giochi di bambini all'ombra del muro.

August 1975

August 1975

Août 1975

Agosto 1975

Agosto 1975

Grenzsoldaten bei Sanierungsarbeiten in der Lindenstraße, Berlin Kreuzberg.

Border soldiers during sanitation work on Lindenstraße, Berlin Kreuzberg.

Des soldats de la frontière réalisant des travaux d'assainissement dans la Lindenstraße, Berlin Kreuzberg.

Soldados de la frontera realizando obras de saneamiento en la Lindenstraße, Berlin Kreuzberg.

I soldati alla frontiera lavorano alla manutenzione del Muro nella Lindenstraße, Berlino Kreuzberg.

56

März 1975	Kreuzberger Kinder beobachten die Baumaßnahmen zur Erhöhung der Mauer in der Waldemarstraße.
March 1975	Kreuzberg children watch the construction to raise the height of The Wall on Waldemarstraße.
Mars 1975	Des enfants de Kreuzberg observent les travaux pour l'élévation du mur dans la Waldemarstraße.
Marzo 1975	Niños de Kreuzberg observan las obras para el aumento de la altura del muro en la Waldemarstraße.
Marzo 1975	Bambini del quartiere di Kreuzberg osservano i lavori di costruzione destinati a rendere più alto il muro nella Waldemarstraße.

POTSDAMER PLATZ

SECOND WALL

NO MAN`S LAND

FIRST WALL

BRANDENBURGER TOR

LEIPZIGER STRASSE

POTSDAMER PLATZ

RUINE HAUS VATERLAND

STRESEMANNSTRASSE

RUINE HAUS VATERLAND

Potsdamer Platz

Potsdamer Straße
2·36

POTSDAMER PLATZ

RUINE HAUS VATERLAND

STRESEMANNSTRASSE

Neubau der Mauer am Lichtenrader Wäldchen/Tutzinger Straße

Construction of The Wall on Lichtenrader Wäldchen/ Tutzinger Straße.

Construction du mur dans la Lichtenrader Wäldchen/Tutzinger Straße.

Construcción del muro en la Lichtenrader Wäldchen/Tutzinger Straße.

Costruzione del muro nei pressi del Lichtenrader Wäldchen/Tutzinger Straße.

Der Außenring um West-Berlin wird jetzt teilweise auch mit Betonmauern geschlossen. So entstehen Kuriositäten wie in dem zu West-Berlin gehörenden Ortsteil von Hermsdorf – der sogenannte Entenschnabel.

The exterior ring around West Berlin is now also closed with concrete walls. This creates curiosities, such as the part of Hermsdorf belonging to West Berlin - the so-called duck beak.

Maintenant on ferme aussi l'anneau extérieur autour de Berlin ouest avec des murs en béton. Ainsi se crées des choses curieuses qui font partie de Berlin ouest comme le cartier de Hermsdorf qui s'appelle bec de canard.

Ahora también se cierra el anillo exterior alrededor de Berlín oeste con muros de hormigón. Así se generan cosas curiosas como en el barrio de Hermsdorf que pertenece a Berlín oeste - lo que se llama pico de pato.

Anche l'anello esterno attorno a Berlino Ovest viene ora chiuso con mura di cemento. Si creano in questo modo situazioni strane, come il cosiddetto "becco d'anatra", una parte di Hermsdorf che appartiene a Berlino Ovest.

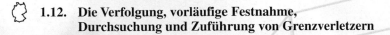

 **1.12. Die Verfolgung, vorläufige Festnahme,
Durchsuchung und Zuführung von Grenzverletzern**

Die Verfolgung der Grenzverletzer ist die aktivste taktische Handlung der Grenzposten zur vorläufigen Festnahme beziehungsweise Vernichtung von Grenzverletzern. Bei der Feststellung von
Grenzverletzern ist der Postenführer verpflichtet, alle Maßnahmen zur vorläufigen Festnahme
oder Bekämpfung einzuleiten.

Auszug aus einem Handbuch für Grenzsoldaten

 1.12. The hungt, temporary arrest, search and delivery of border violators

The hunt of border violators is the most active tactical task of border guards for the temporary
arrest or destruction of border violators. During the determination of border violators, the
guard supervisor is obligated to initiate all measures for temporary arrest or counter-action.

Excerpt from a manual for border soldiers

**1.12. La poursuite, détention provisoire,
fouille et transport de personnes qui traversent illégalement la frontière.**

La poursuite de personnes qui traversent illégalement la frontière est l'action tactique où les
postes frontaliers sont les plus actifs pour la détention provisoire ou l'extermination de ces personnes. A la constatation de personnes qui traversent illégalement la frontière, le responsable
du poste frontalier a l'obligation de mètre en route toutes les mesures pour la détention provisoire ou le combat.

Extrait d'un manuel pour soldats de la frontière.

**1.12. La persecución, detención provisional,
cacheo y transporte de personas que cruzan ilegalmente la frontera.**

La persecución de personas que cruzan ilegalmente la frontera es la acción táctica más activa
de los puestos fronterizos para la detención provisional o bien la exterminación de estas personas. A la constatación de personas que cruzan ilegalmente la frontera, el responsable del puesto
fronterizo tiene la obligación de poner en marcha todas las medidas para la detención provisional o el combate.

Extracto de un manual para soldados de la frontera.

 **1.12. L'inseguimento, l'arresto temporaneo,
la ricerca e il trasporto di coloro che cercano di varcare il confine.**

L'inseguimento di coloro che tentano di varcare il confine è l'attività tattica più praticata dalle
guardie di frontiera, che si occupano dell'arresto temporaneo e in taluni casi anche dell'annien-
tamento dei fuggiaschi. Una volta catturati i fuggiaschi, il capoposto ha l'obbligo di procedere
all'arresto temporaneo o di prevedere interventi di lotta.

Estratto da un manuale destinato a soldati di frontiera

September 1961

September 1961

Septembre 1961

Septiembre 1961

Settembre 1961

Bevor die perfekte Grenzanlage mit Todes-streifen geschaffen ist, gelingt es noch mehrern Flüchtlingen, die Grenzanlagen, wie hier von Pankow nach Reinickendorf zu überwinden.

Before the perfect border is created with death strip, several fugitives succeed in their escape from Pankow to Reinickendorf.

Avant que les installations parfaites de frontières avec frange de la mort aient été construites, plusieurs fugitifs réussissent encore à franchir les installations de frontière, comme ici de Pankow à Reinickendorf.

Antes de que las instalaciones perfectas de frontera con franja de la muerte hayan sido construidas, varios fugitivos consiguen aún franquear las instalaciones de frontera, como aquí de Pankow hacia Reinickendorf.

Prima che la perfetta frontiera fosse dotata di corridoi della morte, taluni fuggitivi riuscivano ancora a scappare, passando, come in questo caso, da Pankow a Reinickendorf.

Jetzt wachen auch auf Menschen abgerichtete Hunde an Laufleinen.

Now, dogs trained to attack human beings guard on long-lines as well.

Maintenant il y a même des chiens dressés pour lutter contre des personnes qui surveillent, attachés à de longues cordes.

Ahora incluso hay perros amaestrados para luchar contra personas que vigilan atados a largas correas.

Accanto agli uomini fanno ora la guardia anche cani addestrati, tenuti al guinzaglio.

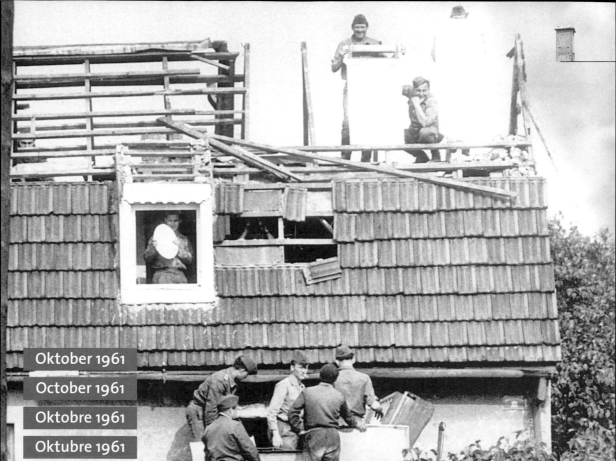

Oktober 1961

October 1961

Oktobre 1961

Oktubre 1961

Ottobre 1961

Um freies Schussfeld zu haben, werden im Grenzgebiet stehende Einfamilienhäuser kurzer Hand „entfernt". Hier der Abriss eines Hauses an der Grenze zu Alt-Glienicke. Fotografen aus dem Westen werden mit Spiegeln geblendet.

To create a free shooting range, single-family homes in the border area are simply "removed". This is the demolition of a home at the border to Alt-Glienicke. Photographers from the West are blinded with mirrors.

Pour avoir un champ de tir libre, les maisons individuelles situées près de la zone frontalière sont „retirées" sans contemplations. Ici la démolition d'une maison près de la frontière à Alt-Glienicke. Les photographes de l'ouest sont aveuglés avec des miroirs.

Para tener un campo de tiro libre, las casas unifamiliares situadas junto a la zona fronteriza son "retiradas" sin contemplaciones. Aquí la demolición de una casa junto a la frontera en Alt-Glienicke. Los fotógrafos del oeste son deslumbrados con espejos.

Per avere campo di tiro libero, in breve furono "allontanate" dalla zona della frontiere le abitazioni unifamigliari. Qui l'abbattimento di una casa lungo la frontiera, nei pressi di Alt-Glienicke. I fotografi occidentali vengono abbagliati con l'uso di specchi.

Das zertrümmerte Fahrzeug des Heinz Schöneberger, dessen Fluchtversuch an einem Grenzübergang missglückte.

The demolished vehicle of Heinz Schöneberger, whose attempt to escape at a checkpoint failed.

La voiture détruite de Heinz Schöneberger, dont la tentative de fuite à un poste frontalier a échouée.

El coche destrozado de Heinz Schöneberger, cuya tentativa de fuga en un puesto fronterizo falló.

L'automobile distrutta di Heinz Schöneberger, il cui tentativo di fuga fallì al posto di frontiera.

Missglückter Omnibus-Durchbruchsversuch an der Sperrmauer Sandkrugbrücke. Volkspolizisten umringen den schwer beschädigten Bus.

Failed attempt of a bus to break through the barrier wall at Sandkrugbrücke. People's police surround the significantly damaged bus.

Tentative de traverser d'un omnibus au mur de contention, près du pont de Sandkrug. Des policiers populaires encerclent l'autobus qui est très endommagé.

Tentativa de traspaso de un ómnibus en el muro de contención junto al Sandkrugbrücke. Policías populares acorralan el autobús que está muy dañado.

Il fallito tentativo di infrangere la frontiera da parte di un autobus, nei pressi del ponte Sandkrugbrücke Poliziotti circondano l'autobus, pesantemente danneggiato.

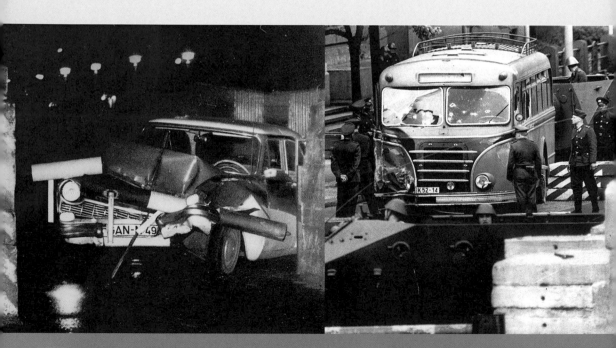

Durchbruch eines Lastwagen aus Ost-Berlin durch die Mauer an der Adalbertstraße in Kreuzberg. Links die Hinterräder des Lastwagens.

A truck from East Berlin broke through The Wall on Adalbertstraße in Kreuzberg. The rear tires of the truck are shown on the left.

Traversée d'un camion de Berlin est à travers du mur dans la Adalbertstraße à Kreuzberg. À gauche les roues arrières du camion.

Traspaso de un camión de Berlín este a través del muro en la Adalbertstraße en Kreuzberg. A la izquierda las ruedas traseras del camión.

Un camion proveniente da Berlino Est riesce a infrangere il muro lungo la Adalbertstraße a Kreuzberg. A sinistra le ruote posteriori del camion.

1961

Kreuzberg. Ein zerstörter Mauerabschnitt, an dem eine Flucht in den Westsektor mit einem LKW gelang.

Kreuzberg. A destroyed part of The Wall where an escape to the West Sector with a truck was successful.

Kreuzberg. Une partie détruite du mur, par laquelle a été réussite une fuite au secteur ouest avec un camion.

Kreuzberg. Una parte destrozada del muro, en la que se consiguió una huída al sector oeste con un camión.

Kreuzberg. Una breccia nel muro, dalla quale un camion è fuggito nel settore occidentale.

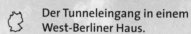 Panzersperren machten den Weg durch die Mauer nicht mehr möglich. Folglich wurde der Fluchtweg unter die Mauer hindurch verlegt.

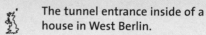 Tank barriers make passing through The Wall impossible. As a result, the escape route was changed to run underneath The Wall.

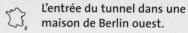 Des barrières blindées rendaient maintenant impossible le passage à travers du mur. En conséquence le chemin de fuite a été déplacé en dessous du mur.

Barreras blindadas hacían que le paso a través del muro ya no sea posible. En consecuencia se trasladó el camino de la huída a por debajo del muro.

Mezzi blindati impediscono il passaggio del muro. Di seguito la via di fuga fu spostata sotto il muro.

10.01.1962

Der Tunneleingang in einem West-Berliner Haus.

The tunnel entrance inside of a house in West Berlin.

L'entrée du tunnel dans une maison de Berlin ouest.

La entrada del túnel en una casa de Berlín oeste.

Ingresso mediante un tunnel in una casa di Berlino Ovest.

Eine Frau wird an einem Flaschenzug hoch gezogen.

A woman is pulled up on a pulley.

Une femme est hissée vers le haut avec une poulie.

Una mujer es tirada hacia arriba con una polea.

Una signora sollevata su un paranco.

MASSENFLUCHT VON 57 MENSCHEN DURCH EINEN TUNNEL IN DER BERNAUER STRASSE.

 MASS ESCAPE OF 57 PEOPLE THROUGH A TUNNEL ON BERNAUER STRASSE.

 FUITE MASSIVE DE 57 PERSONNES À TRAVERS D'UN TUNNEL DE LA BERNAUER STRASSE.

 HUÍDA MASIVA DE 57 PERSONAS A TRAVÉS DE UN TÚNEL DE LA BERNAUER STRASSE.

 FUGA DI MASSA DI 57 PERSONE ATTRAVERSO UN TUNNEL NELLA BERNAUER STRASSE.

1964

145 m lang, 12 m tief, 80 cm hoch; nach einem halben Jahr anstrengendster Grabungsarbeiten gelang 57 Menschen die größte Massenflucht durch den längsten Tunnel unter der Mauer hindurch.

145 m long, 12 m deep, 80 cm high; after 6 months of the most strenuous digging work, 57 people were successful in the largest mass escape through the longest tunnel underneath The Wall.

145 m de long, 12 m de profondeur, 80 cm de haut; après une demie année du plus fatigant travail d'excavation, 57 personnes réussirent la plus grande fuite massive à travers du tunnel le plus long sous le mur.

145 m de largo, 12 m de profundidad, 80 cm de alto; después de medio año del más fatigoso trabajo de excavación 57 personas consiguieron la mayor huída masiva a través del túnel más largo por debajo del muro.

Lungo 145 metri, profondo 12, alto 80 cm. Dopo sei mesi di faticosi lavori di scavo, 57 persone realizzarono la più imponente fuga di massa servendosi del tunnel più lungo mai scavato sotto il muro.

Für den Weg in die Freiheit war kein Versteck zu ungewöhnlich oder zu unbequem.

No hiding place was too unusual or uncomfortable on the way to freedom.

Pour le chemin vers la liberté il n'y avait pas de cachette trop inhabituelle ou trop inconfortable.

Para el camino hacia la libertad no había escondite demasiado inhabitual o demasiado inconfortable.

Per la strada verso la libertà nessun nascondiglio era inconsueto o scomodo.

Fluchtauto, mit Stahlplatten gepanzert, in dem zwei Männern und drei Frauen die Flucht in den Westen gelang.

Escape vehicle armored with steel plates, in which two men and three women escaped successfully to the West.

Voiture de fuite blindée avec des plaques en acier, avec laquelle deux hommes et trois femmes réussirent la fuite vers l'ouest.

Coche de huída blindado con placas de acero, en el que dos hombres y tres mujeres consiguieron la huída en el oeste.

Fuga in automobile corazzata con piastre in acciaio, a bordo della quale due uomini e due donne riuscirono a fuggire in occidente.

Der Journalist Heinz Edelmann demonstriert, wie er seine Frau Monika im doppelten Kofferraum seines Wagens aus der DDR über die CSSR nach Bayern brachte.

The journalist Heinz Edelmann demonstrates how he brought his wife, Monika, from the DDR via CSSR to Bavaria in the double-trunk of his car.

Le journaliste Heinz Edelmann démontre comme il amena lui à sa femme Monika dans le coffre double de sa voiture depuis la RDA, à travers de la Tchécoslovaquie vers la Bavière.

El periodista Heinz Edelmann demuestra como él trajo a su mujer Monika en el maletero doble de su coche desde la RDA, a través de Checoslovaquia hacia Baviera.

Il giornalista Heinz Edelmann lasciando la DDR e passando dall'ex URRS dimostrò come fosse in grado di accompagnare sua moglie Monica in Baviera, , nascosta nel doppio fondo della sua automobile.

70

Ein schwer beschädigter LKW, mit dem drei jungen Ost-Berlinern die Flucht durch die Absperrung in der Heinrich-Heine-Straße (Kreuzberg) gelang. Einer von Ihnen (Klaus Brüske) wurde dabei tödlich verletzt.

A truck with major damage with which three young East Berliners successfully fled through the barrier on Heinrich-Heine-Straße (Kreuzberg). One of them, Klaus Brüske, sustained fatal injuries.

Un camion très endommagé, avec lequel trois jeunes berlinois de l'est réussirent à fuir à travers le blocage de la Heinrich-Heine-Straße (Kreuzberg). Un d'eux (Klaus Brüske) fut mortellement blessé en le faisant.

Un camión muy estropeado, con el que tres jóvenes berlineses del este consiguieron huir a través del bloqueo en la Heinrich-Heine-Straße (Kreuzberg). Uno de ellos (Klaus Brüske) fue mortalmente herido al hacerlo.

Un'automobile pesantemente danneggiate, a bordo della quale tre giovani di Berlino Est riuscirono a fuggire da un posto di blocco della Heinrich-Heine-Straße (Kreuzberg). Uno di loro (Klaus Brüske) fu ferito a morte.

1962

Mit einem über 20 Jahre alten gepanzerten Omnibus durchbrachen acht Flüchtlinge die Schlagbäume am Kontrollpunkt Dreilinden.

Eight fugitives broke through the toll-bar at checkpoint Dreilinden with an armored bus that was more than 20 years old.

Avec un omnibus blindé vieux de plus de 20 ans, 8 fugitifs traversèrent les barrières au point de contrôle de Dreilinden.

Con un ómnibus blindado viejo de más de 20 años 8 fugitivos traspasaron las barreras en el punto de control de Dreilinden.

Con un autobus corazzato di oltre 20 anni, otto fuggiaschi riuscirono a scappare passando dalle sbarre del punto di controllo di Dreilinden.

26.12.1962

Fluchttunnel, durch den 29 Personen nach West-Berlin flüchteten.

Escape tunnel through which 29 people escaped to West Berlin.

Tunnel de fuite, à travers duquel 29 personnes fuirent vers Berlin ouest.

Túnel de huída, a través del que 29 personas huyeron hacia Berlín oeste.

Il tunnel della fuga, attraverso il quale 29 persone raggiunsero Berlino Ovest.

Durch diesen Tunnel unweit der Glienicker Brücke kamen neun Ost-Berliner nach West-Berlin

Nine East Berliners came to West Berlin through this tunnel near Glienicker Bridge.

À travers de ce tunnel, non loin du pont de Glienick, neuf berlinois de l'est vinrent vers Berlin ouest.

A través de este túnel no lejos del puente de Glienick nueve berlineses del este vinieron hacia Berlín oeste.

Attraverso questo tunnel, non lontano dal ponte Glienicker, nove abitanti di Berlino est riuscirono a passare in occidente.

19.06.1962

Fluchtversuch durch einen Tunnel von Ostberlin nach West-Berlin (Kreuzberg): Von sechs Frauen und vier Kindern gelang zwei Frauen und zwei Kindern die Flucht. Das Foto zeigt den Tunnelausgang auf West-Berliner Seite.

An attempt to escape through a tunnel from East Berlin to West Berlin (Kreuzberg): Two of six women and two of four children successfully escaped. The picture shows the tunnel exit on the West Berlin side.

Tentative de fuite à travers d'un tunnel de Berlin est vers Berlin ouest (Kreuzberg): De six femmes et quatre enfants, deux femmes et deux enfants réussirent à fuir. La photo montre la sortie du tunnel du coté de Berlin ouest.

Tentativa de huída a través de un túnel de Berlín este hacia Berlín oeste (Kreuzberg): De seis mujeres y cuatro niños dos mujeres y dos niños consiguieron huir. La foto muestra la salida del túnel en el lado de Berlín oeste.

Tentativo di fuga attraverso un tunell: dall'est all'ovest (Kreuzberg): sei donne e quattro bambini tenta rono la fuga. Giunsero a Berlino ovest due donne e due bambini. La foto mostra l'uscita del tunnel dal lato di Berlino ovest.

Fluchttunnel im Norden Berlins.

Escape tunnel in Northern Berlin.

Tunnel de fuite au nord de Berlin.

Túnel de huída en el norte de Berlín.

Tunnel per la fuga, a nord di Berlino.

1965

Oft hatte er im grenznahen Haus der Ministerien zu tun. Diesmal schloss er sich mit Frau und Kind in der Toilette ein, kroch nachts auf das Dach, warf einen an einer Schnur befestigten Hammer über die Mauer, zog ein daran befestigtes Drahtseil hoch und ließ seine Familie und sich an selbst gefertigten Rollsitzen in die Freiheit gleiten.
FLUCHTWEG: gestrichelte Linie

He often worked in the ministry building near the border. This time, he locked himself into the bathroom together with his wife and child, crawled onto the roof at night, threw a hammer attached to a rope over the wall, pulled up a steel rope and slid to freedom with his family on the home-made sliding seats.
ESCAPE ROUTE: broken lines

Il avait souvent des affaires dans l'immeuble des ministères, près de la frontière. Cette fois il s'enferma avec femme et enfant dans les toilettes, il rampa de nuit sur le toit, lança un marteau attaché à une corde par dessus du mur, tira vers le haut un câble fixé à ceci et se laissa glisser lui et sa famille dans des chaises roulantes que lui même avait fabriqué.
VOIE DE FUITE: Ligne discontinue

A menudo tenía asuntos en el edificio de los ministerios cercano a la frontera. Esta vez se enceró con mujer y niño en los baños, gateo de noche sobre el tejado, lanzó un martillo atado a una cuerda por encima del muro, tiró hacia arriba un cable fijado a ello y se dejó el y su familia deslizar en la libertad en sillas de ruedas que el mismo había fabricado.
VÍA DE HUÍDA: Línea discontinua

Spesso doveva lavorare nelle vicine case dei ministeri. Questa volta si chiuse con sua moglie e suo figlio in un bagno, durante la notte salì sul tetto, gettò una fune verso un martello che era stato bloccato sul muro, tirò la fune così fissata e si fece scivolare, con la moglie e il figlio, verso la libertà, grazie a postazioni con ruote che aveva preparato in precedenza.
VIA DI FUGA: linea tratteggiata

Platt gewalzt: Mit einer Planierraupe gelingt der Durchbruch durch die dreifache Grenzbefestigung.

Waltzed flat: The triple border barrier is broken through with a bulldozer.

Aplatit: Avec un bulldozer on réussi à passer à travers de la triple fortification de la frontière.

Aplanado: Con un buldózer se consigue pasar à través de la triple fortificación de la frontera.

Appiattito: Grazie a un bulldozer, fu possibile attraversare la triplice protezione del muro.

Der aus dem Ostteil der Stadt geflohene Peter T. wenige Sekunden nach seiner erfolgreichen Flucht mit einer Planierraupe.

Peter T. fled from the Eastern part of the city and is shown here a few seconds after his successful escape with a bulldozer.

Peter T., fuit de la partie est de la ville, quelques secondes après sa fuite réussie avec un bulldozer.

Peter T., huido de la parte este de la ciudad, pocos segundos después de su huída exitosa con un buldózer.

Peter T., fuggito da Berlino Est, pochi secondi dopo la sua fuga con un bulldozer.

Gescheiterter Fluchtversuch an der Lindenstraße (Kreuzberg):
rechts am Boden der angeschossene Flüchtling, DDR-Grenzer laufen mit Schusswaffen
im Todesstreifen auf ihn zu.

Failed attempt to escape on Lindenstraße (Kreuzberg):
The shot fugitive is shown on the ground on the right, DDR border patrol runs toward
him on the death strip with weapons.

Tentative de fuite échue dans la Lindenstraße (Kreuzberg):
À droite, sur le sol, le fugitif blessé par balle, des soldats de la frontière de la RDA s'ap-
prochent en courrant vers lui avec des armes à feu dans la frange de la mort.

Tentativa de huída fallida en la Lindenstraße (Kreuzberg):
A la derecha, en el suelo, el fugitivo herido por bala, soldados de la frontera de la RDA se
acercan corriendo hacia el con armas de fuego en la franja de la muerte.

Tentativo di fuga fallito sulla Lindenstraße (Kreuzberg):
a destra, per terra, il corpo del fuggiasco ucciso, soldati della DDR corrono verso di lui,
lungo il corridoio della morte, con le armi in mano.

05.09.1971

Der Fluchtversuch an der Berliner Mauer ist im Kugelhagel gescheitert.

The attempted escape failed at the Berlin Wall in the hail of bullets.

La tentative de fuite près du mur de Berlin a échue sous la pluie de balles.

La tentativa de huída en el muro de Berlín ha fallido bajo la lluvia de balas.

Il tentativo di fuga lungo il muro di Berlino fallisce contro il posto di difesa.

17.08.1962

77

Nach 50 Minuten ... Abtransport des sterbenden Peter Fechter.

50 minutes later ... the dying Peter Fechter being taken away.

50 minutes plus tard ... évacuation de Peter Fechter à l'agonie.

Después de 50 minutos ... evacuación del moribundo Peter Fechter.

Dopo 50 minuti ... Peter Fechter ormai morente viene portato via.

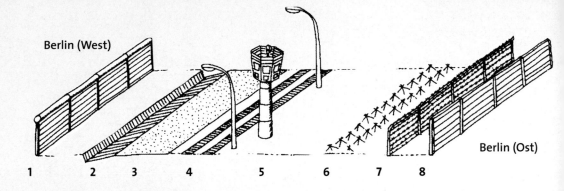

Berlin (West)

Berlin (Ost)

1   2   3   4   5   6   7   8

AUFBAU DER GRENZANLAGE

1 Mauer nach Westen (155 km)
2 Kfz-Sperrgraben (105,5 km)
3 Kontrollstreifen
4 Kolonnenweg und Lichttrasse (124,3 km)
5 Beobachtungsturm (302)
6 Höckersperren
7 Grenzsignalzaun
8 Hinterlandmauer

CONSTRUCTION OF THE BORDER INSTALLATIONS

1 Wall to the West (155 km)
2 Motor vehicle blocking trench (105,5 km)
3 Control strip
4 Convoy path and light trail (124,3 km)
5 Observation tower (302)
6 Hump barriers
7 Border signal fence
8 Back-up area wall

STRUCTURE DES INSTALLATION FRANTALIÉRES

1 Mur vers l'ouest (155 km)
2 Fossé de barrage des automobiles (105,5 km)
3 Bande de contrôle
4 Voie des colonnes et sillon de lumiére (124,3 km)
5 Mirador (302)
6 Butoirs de barrage
7 Clôture d'alarme frontalié
8 Mur de l'arriére-pays

ESTRUCTURAS DE LAS INSTALACIONES FRONTALIZAS

1 Muro hacia el oeste (155 km)
2 Barrera para coches (105,5 km)
3 Banda de control
4 Camino para convoyes y via de luces (124,3 km)
5 Mirador (302)
6 Topes de barrera
7 Valla de alarma frontali
8 Muro hacia tierras adent

ESTRUCTURAS DE LAS INSTALACIONES FRONTALIZAS

1 Muro verso ovest (155 km)
2 Fossato di fermo per autoveicoli (105,5 km)
3 Striscia di controllo
4 Percorso a colonna e via luminosa (124,3 km)
5 Torre di osservazione (302)
6 Barriera a sporgenze
7 Recinzione di segnalazione frontiera
8 Muro del retroterra

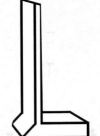

MASSE EINES MAUERSEGMENTES

Höhe	3,60 Meter
Breite	1,20 Meter
Tiefe am Fuß	2,10 Meter
Wandstärke	0,15 Meter
Gewicht	2,60 Tonnen
Material	Stahlbeton hoher Dichte

MEASUREMENT OF A WALL SEGMENT

Height	3,60 meters
Width	1,20 meters
Depth at base	2,10 meters
Thickness of wall	0,15 meters
Weight	2,60 tons
Material	reinforced concrete of high density

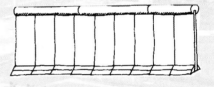

DIMENSION D'UN SEGMENT DE MUR

Hauteur	3,60 mètres
Largeur	1,20 mètres
Epaisseur du mur	2,10 mètres
Profondeur au pied	0,15 mètres
Poids	2,60 tonnes
Matériau	Béton armé de haute densité

DIEMENSIONES DE UN SEGMENTO DE MURO

Altura	3,60 metros
Anchura	1,20 metro
Espesura del muro	2,10 metro
Profundidad en el pie	0,15 metros
Peso	2,60 toneladas
Material	hormigón armado de alta densidad

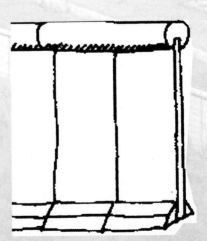

MISURE DI UN SEGMENTO DI MURO

Altezza	3,60 metri
Larghezza	1,20 metro
Profonditàalla base	2,10 metri
Spessore del muro	0,15 metro
Peso	2,60 tonnellate
Materiale	compattezza elevata

INTRODUCTION

The popular uprising of 17 June 1953 was put down with the help of Soviet tanks. West Berlin became a springboard for escape for East Berliners and East Germans in general until the unthinkable happened. On 13 August 1961, a wall began to be built on the East German side which split the city of Berlin in half. This sinister symbol of German division, cutting through the capital for a length of 155 kilometres, was the cause of over 80 deaths and countless tears. Just a few figures to illustrate the terror behind this cruellest of constructions: 66.5 kilometres of barbed wire, 302 lookout towers, 20 bunkers, 105 trenches with antivehicle barriers, 127 contact and signal fences, 124 passages and 259 runs for guard-dogs. The West refused to give up Berlin, however, and on 26 June 1963, US President John F. Kennedy won the trust and admiration of the inhabitants of the city with his legendary declaration before all those gathered at the Schöneberg town hall: "I am a Berliner".

Tension was slightly eased as a result of the 1972 agreement reached by the four powers and the later "Fundamental Treaty" between the two Germanies. Nonetheless, another 17 years of separation passed before the frontiers of the divided city could be opened up once more. In november 1989, after weeks of disturbances and demonstrations, the SED-run East German state was dismantled by its own people. The peaceful revolution, one of the few revolutions in history to have taken place without bloodshed, finally ended on November 9 with the opening of the wall. For days, the streets and squares of Berlin were packed with happy people who could hardly believe this radical turn-about in their own history. Thousands of people gathered at the Brandenburg Gate and began climbing the wall. Overjoyed, they toasted one another and gave a warm welcome to all the "Trabbies" as they entered the West. Relations between East and West were hurriedly restored over the following days and, gradually, after a 29-year reign, the wall began to fall. Since Christmas 1989, both the people of Berlin and visitors to the city can once more cross the Brandenburg Gate in either direction, as they please. What is taken for granted in the rest of the world is fully appreciated in Berlin. Almost overnight, the former great metropolis, which had endured many years of mistreatment and paralysis, once again became the centre of attention of all the nations of the world. History is nowhere so tangible, so palpable as in Berlin. German reunification took place on 3 October 1990 and on 20 June 1991 the German parliament, the Bundestag, decided to make Berlin the capital of the nation, a status the city has enjoyed since 1999.

INTRODUCTION

La révolte populaire du 17 Juin 1953 dans la partie Est de la ville est réduite à l'aide de tanks soviétiques. Berlin-Ouest devient le »tremplin de fuite« des Berlinois de l'Est et de la R.D.A. Il traversait Berlin et divisait la ville en deux. Le funeste symbole de la division allemande, qui entourait la capitale tout au long de 155 km, provoqua quatre-vingt victimes et de nombreuses larmes. Quelques chiffres éclairent la terreur que provoquait cette œuvre inhumaine: 66,5 km de fil de fer barbelé, 302 miradors, 20 bunkers, 105 tranchées avec barrière pour véhicules, 127 barrières de contact et de signalisation, 124 chemins de colonnes et 259 pistes pour les chiens de garde. Cependant, Occident persiste à ne pas vouloir renoncer à Berlin. Le président nord-américain John F. Kennedy gagne la confiance et la sympathie des habitants en déclarant, un 26 juin, aux Berlinois rassemblés devant l'Hôtel de ville de Schöneberg: »Moi aussi je suis Berlinois!«.

Ce n'est qu'à l'occasion de l'accord de Berlin entre les quatre puissances, en 1972, et le postérieur »Acte final« entre les deux Etats allemands, que la tension baisse. Il faudra attendre pourtant 17 ans pour que s'ouvrent les frontières de la vill partagée. Après des semaines de manifestations et de troubles, l'Etat dirigé par la SED fut destitué par le peuple en novembre 1989. La révolution pacifique, une des rares produites sans faire couler le sang, s'acheva le 9 Novembre, avec l'ouverture du mur. Durant des jours, les rues et les places de Berlin se remplirent de gens heureux, surpris par le cours de leur histoire. Des milliers de personnes se rèunirent à la Porte de Brandebourg et escaladèrent le mur. Fous de joie, ils ont trinqué entre eux et reçu à bras ouvert les »Trabbis« qui passaient à l'Ouest. Durant les jours suivant, les relations s'établirent très vite entre L'Est et l'Ouest. Graduellement, après 29 ans, le mur fut peu à peu détruit.

Depuis Nöel 1989, les Berlinois et les visiteurs peuvent passer à leur guise sous la Porte de Brandebourg.

On a appris ici à donner sa vraie valeur à ce qui est ailleurs monnaie courante. Du jour au lendemanin, ce qui fut une ville immense, postérieurement maltraitée et durant de longues années paralysée, redevient un endroit capable d'attirer les regards de tous les pays du monde. Nulle part aulleurs l'histoire n'est aussi tangible, palpable, qu'à Berlin.

La réunification allemande eut lieu le 3 Octobre 1990 et le 20 juin 1991 le Bundestag – le parlement allemand – décida de s'installer à Berlin et de rendre à la ville son titre de capitale du pays. Elle assume cette fonction depuis 1999.

INTRODUCCIÓN

La insurrección popular en la parte Este de la ciudad, el 17 de junio de 1953, es aplacada con la ayuda de tanques soviéticos. Berlín Oeste se convierte en el «trampolín de escape» de los berlineses del Este y de la RDA, hasta que sucede lo inconcebible: el 13 de agosto de 1961 empezó a construirse en la RDA un muro que atravesaba la ciudad de Berlín por la mitad. El funesto símbolo de la división alemana, que circunscribía su capital a lo largo de un total de 155 km, se cobró ochenta víctimas mortales e infinitas lágrimas. Algunas cifras esclarecen el terror de esta inhumana obra: 66,5 km de alambrada metálica, 302 torretas de vigilancia, 20 búnkers, 105 trincheras con barreras de vehículos, 127 vallas de contacto y señalización, 124 caminos de columnas y 259 pistas de carrera para perros guardianes. La inhumana frontera se cobra con muertos y heridos cada intento de fuga. Y sin embargo Occidente persiste ocn obstinación en su voluntad de querer renunciar a Berlin. Sobre todo el presidente norteameriano John F. Kennedy, quien se gana la confianza y la simpatía de los habitantes de la ciudad al afirmar el 26 de junio en su legendaria proclamación ante los berlineses congregados frente al ayuntamiento de Schöneberg: «¡Soy berlinés!».

Sólo con motivo del acuerdo de Berlín en 1972 entre las cuatro potencias y el posterior Tratado Fundamental entre los dose-stados alemanes, se perciben síntomas de alivio. No obstante, aún deberían transcurrir 17 años màs de separación antes de que se volvieran a abrir las fronteras de la ciudad escindida. Tras semanas de distrubios y manifestaciones, en noviembre de 1989 el Estado dirigido por la SED fue destituido por el propio pueblo. La pacifica revolución, una de las pocas que se han pro-ducido sin derramamiento de sangre, concluyó finalmente el 9 de noviembre con la apertura del muro. Durante días, las calles y plazas de Berlín se vieron atestadas de gentes dichosas, sorpendidas por el curso de la propia historia. Miles de personas se congregaron en la Puerta de Brandenburgo y escalaron el muro. Desbordadas por el júbilo, brindaban entre sí y a todos los «Trabbis» se les dispensó una feliz acogida en el Oeste. En los días sigientes y con la máxima urgencia se irían restableciendo las relaciones entre Este y Oeste; gradualmente y tras 29 años de historia, el muro fue cayendo. Desde la Navi-dad de 1989, tanto berlineses como visitantes pueden pasear por la Puerta de Brandenburgo en ambas direcciones a placer. Lo que en otras partes del mundo es de lo màs habitual, en Berlín se ha aprendido a valorar. Casi de la noche a la mañana, la que en su día fue grandiosa metrópoli, posteriormente maltratada y durante años paralizada, se convirtió nuevamente en un lugar capaz de atraer las miradas de todas las naciones del mundo. En ningún otro lugar resulta tan tangible, tan palpable la historia como en Berlín. El 3 de octubre de 1990 tuvo lugar la reunificación de Alemania y el 20 de junio de 1991 el Bundestag – el parlamento alemán – decide trasladar la capitalidad del país a Berlín, la cual ejerce como tal desde 1999.

INTRODUZIONE

Ciononostante, la vita quotidiana non sembra volersi ristabilire. L'insurrezione popolare nella parte est della città del 17 giugno 1953, viene soffocata con l'aiuto dei carri armati sovietici. Berlino Ovest diventa il «trampolino di fuga» degli abitanti di Berlino Est e della RDT finché avviene l'inconcepibile: Il 13 agosto del 1961 inizió la costruzine nella RDA di un muro che attravesava la città di Berlino in due. Il funesto simbolo della divisione tedesca, che avrebbe circoscritto la sua capitale per ben 155 km, costò la vita a 80 persone e infinite lacrime. Alcuni dati svelano il terrore di questa opera disumana: 66,5 km di fil di ferro, 302 torette di vigilanza, 20 bunker, 105 trincee con barriere per veicoli, 127 transenne di contatto e segnaletica, 124 strade di colonne e 259 piste per i cani da guardia. E ciononostante l'Occidente continua ostinatamente a non voler rinunciare a Berlino. Soprattutto il Presidente nordamericano John F. Kennedy che conquista la fiducia e la simpatia degli abitanti della città affermando, un 26 giugno, nel suo discorso davanti ai berlinesi congregati davanti al comune di Schöneberg: «Sono berlinese!».

Solo in occasione dell'accordo di Berlino del 1972 stipulato tra le quattro grandi potenze, e del posteriore «Trattato Fonda-mentale» tra i due stati tedeschi si percepiscono segni di miglioramento. Ma dovranno passare altri 17 anni prima che si pos-sano riaprire le frontiere della città divisa. Dopo settimane di distrubi e manifestazioni, nel novembre del 1989 lo Stato diret-to dalla SED venne destituito dallo stesso popolo. La rivoluzione pacifica, una delle poche avvenute senza spargimento di sangue, si concluse il 9 novembre con l'apertura del muro. Per giorni, le strade e le piazze di Berlino vennero assediate da gent contenta, sorpresa per lo stesso corso della loro storia. Migliaia di persone si raccolsero alla Porta die Brandeburgo e scala-rono il muro. Sconvolti dalla gioia, brindavano insieme e tutti i «Trabbi» ricevettero una buona accoglienza nell'Ovest. Nei giorni seguenti e con la massima urgenza vennero ristabilite le relazioni tra est ed ovest, gradualmente e dopo ben 29 anni di storia, il muro venne butato giù. Dal Natale 1989, i berlinesi ed i turisti possono attraversare liberamente nei due sensi la Porta die Brandeburgo. Il 3 ottobre del 1990 ha luogo la riunificazione della Germania e il 20 giugno del 1991 il Bundestag, il parlamento tedesco, decide di trasferire la capitale del paese a Berlino, che dal 1999 svolge la sua funzione di capitale.

Potsdamer Platz

Military and Graffiti

Leben an und mit der Mauer.

Life at and with The Wall.

Vivre près et avec le mur.

Vivir junto a y con el muro.

La vita con il muro.

 Die ersten gezielten Arbeiten (▼) neben Spontangraffiti (▲).

The first targeted work (▼) next to spontaneous graffiti (▲).

Les premiers travaux (▼) prévus à coté de graffitis spontanés (▲).

Los primeros trabajos planificados (▼) al lado de graffitis espontáneos (▲).

I primi lavori veri (▼) accanto ai graffiti spontanei (▲).

 Zwei Franzosen, Cristoph E. Bouchet (Paris) und Thierry Noir (Paris) entdecken die Mauer als Großleinwand.

 Two Frenchmen Cristoph E. Bouchet (Paris) and Thierry Noir (Paris) discover the Wall as a large canvas.

 Deux Français Christophe Bouchet (Paris) et Thierry Noir (Paris) ont l'idée d'utiliser le Mur comme écran de projection géant.

 Dos franceses, Christoph E. Bouchet (París) y Thierry Noir (París) descubren el muro como pantalla grande.

Due francesi, Cristoph E. Bouchet (Parigi) e Thierry Noir (Parigi) scoprono che il Muro può essere una grande tela da dipingere.

 Die Mauer als Kunstobjekt . . .

 The Wall as an art object . . .

 Le mur en temps qu'objet d'art . . .

 El muro como objeto de arte . . .

 il muro diventa un oggetto artistico . . .

 . . . für verschiedene Kunstrichtungen . . .

. . . For different types of art . . .

. . . pour plusieurs tendances artistiques . . .

. . . para varias tendencias artísticas . . .

. . . per artisti di ogni stile . . .

 . . . auch von Volkspolizisten im Bild festgehalten.

 . . . Captured by the people's police as well.

 . . . également photographié par des policiers populaires.

 . . . ambién fotografiados por policías populares.

 . . . anche i poliziotti della DDR immortalati nelle fotografie.

 9. November 1989   Erfolgloser Versuch die Öffnung der Grenzen aufzuhalten.

 9. november 1989   Unsuccessful attempt to stop the opening of the borders.

9. novembre 1989   Vaine tentative pour empêcher l'ouverture de la frontière.

9. novienbre 1989   Fallido intento por mantener abierta al apertura de las fronteras.

9. nobembre 1989   Tentativo fallito di mantenere i confini aperti.

93

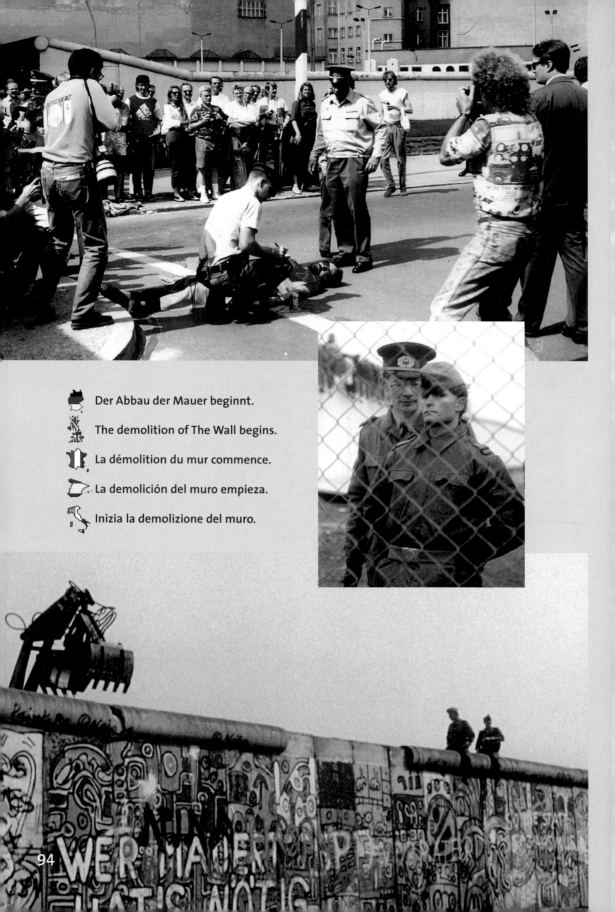

Der Abbau der Mauer beginnt.

The demolition of The Wall begins.

La démolition du mur commence.

La demolición del muro empieza.

Inizia la demolizione del muro.

 „Mauerspechte" helfen nach.

 So-called "wall woodpeckers" help to chip bits off the wall.

 Les Allemands s'arment de burins pour participer à la chute du Mur.

 Ayuda de los "pájaros carpinteros" del muro.

 I "Mauerspechte" (letteralmente picchi muraioli) offrono il loro aiuto.

Die Mauer wird immer durchlässiger.

The Wall is becoming increasingly open.

Le Mur est de moins en moins hermétique.

El muro se vuelve cada vez más penetrable.

Il Muro diventa sempre più permeabile.

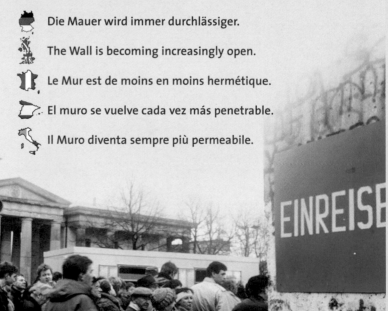

Die ersten Verbindungen sind da.

The first connections are there.

Les premières liaisons sont rétablies.

Se establecen las primeras comunicaciones.

Ecco i primi collegamenti.

 Ganz Berlin ist wieder frei.

 All of Berlin is free again.

 Tout Berlin est de nouveau libre.

 Todo Berlín vuelve a ser libre.

Berlino è di nuovo una città libera.

03.10.1990